מַסֶּכֶת בְּרָכוֹת

מַסֶּכֶת בְּרָכוֹת

עם ביאורים מאת

משה גרוס וגד מכטה

ואיורים מאת

חננאל תורגמן

משנאות
משנה נאה בהנאה

ירושלים
קורן ירושלים

The Annotated and Illustrated Masekhet Brachot
Moshe Gross, Gad Machta
Illustrated by Hananel Turgeman

'משנאות' - מסכת ברכות
mishnaot@gmail.com

הוצאת קורן
ת"ד 4044 ירושלים 9104001
טל': 02-6330530 פקס: 02-6330534

www.korenpub.com

תמונת העטיפה ועיצוב: חננאל תורגמן
עימוד: בנצי בינדר

מסת"ב ISBN 978 965 7766 24 8

Printed in Israel 2020 נדפס בישראל

לעילוי נשמת

ר׳ שמואל יצחק ב״ר גרשון הלוי קאהען ז״ל

Professor Sam Cohen z"l

איש צנוע

אוהב ציון וירושלים

ירא אלהים וסר מרע

נקי כפיים ובר לבב

פעל רבות בנאמנות ובמסירות למען החינוך היהודי בלונדון

במשך עשרות שנים

נלב״ע כ״ג באלול תשס״ד

תנצב״ה

מבוא

הורים ומחנכים יקרים,

החוויה וההבנה של לימוד המשנה היו לנגד עינינו בכל שלבי יצירת הספר, ממסד ועד הטפחות.

דרכנו בפירוש

לא התיימרנו לפרש מחדש את המשנה, אלא התבססנו על דברי הראשונים והאחרונים מפרשי המשנה והגמרא, כמו כן הוספנו מעט הוספות מהתוספתא והירושלמי. דרכנו בפירוש הייתה להביא את הפירוש הקרוב ביותר ללשון המשנה. אמנם פעמים שבגמרא נוספה אוקימתא לדברי המשנה, ולשם כך צירפנו את פירוש רבי עובדיה מברטנורה, שלרוב הזכיר אוקימתות אלו.

המשנה מובאת כאן על פי שיטת 'משנה סדורה', העוזרת להבנה ולשינון, ותודתנו נתונה לרב אליהו דורדק על כך ועל הליווי והעצות.

דרכנו בציורים

ישנם שני סוגים של ציורים: יש ציורים מבארים ויש ציורים מלווים. הציורים המבארים באים לעזור ללומד להבין את המציאות המדוברת, שכן פעמים רבות בלי ציור מוחשי קשה להבין את דין המשנה והמציאות שדיברו בה. יש מקומות שבהם הראשונים נחלקו באיזו מציאות מדובר ובהם לא הבאנו כמה ציורים, אלא ציור אחד, התואם למובא בפירוש.

הציורים המלווים באים לאו דווקא לתוספת הבנה, אלא כדי שלימוד המשנה ילווה בחוויה חיובית של לימוד, ולכן הציורים באו בסגנון חי ונושם.

אנו תפילה כי הלימוד במשנה זו יגדיל את החיבה ללימוד התורה בכלל וללימוד המשנה בפרט.

מַסֶּכֶת בְּרָכוֹת

מבוא למסכת ברכות

מסכת ברכות, המסכת הראשונה בסדר זרעים ובמשנה כולה, עוסקת בקריאת שמע, תפילה וברכות. הסיבה לפתיחת המשנה בהלכות אלו דווקא היא שהן מצוות המקיפות את כל יומו של האדם:

בשוכבו על מיטתו בלילה ובקומו בבוקר - קבלת עול מלכות שמים בקריאת שמע. בוקר, צהריים וערב - תפילות שחרית, מנחה וערבית כנגד הקרבנות. ובאופן תמידי במשך היום - ברכות הנהנין על המאכלים והריחות, וברכות השבח וההודיה.

קריאת שמע

פרק א עוסק בקריאת שמע בלילה ובבוקר: מתי מתחיל זמן המצווה ומתי מסתיים, באיזה אופן ותנוחה יש לקרוא, מהן ברכותיה של שמע והלכותיהן וזכירת יציאת מצרים בפרשת ציצית.

פרק ב ממשיך לעסוק בקריאת שמע וברכותיה. דיני הפסקה בדיבור במהלך קריאת שמע וברכותיה, סדר הברכות והפרשיות וההסבר לסדר זה, הלכות נוספות הנוגעות לדקדוק בקריאה ובכוונת המילים ומתוך כך דין חתן שטרוד ואינו יכול לכוון כהוגן.

פרק ג דן מי הם החייבים והפטורים מקריאת שמע: אדם שמת לו מת והעוסקים במצווה, הנשים, העבדים והקטנים. ומבוארים פרטי דינים של הטמא טומאת קרי, שמתקנת עזרא הסופר הוא אסור בתפילות, ברכות ולימוד תורה.

תפילה

פרק ד עוסק בתפילת העמידה, בזמני התפילות השונות: שחרית, מנחה, ערבית ומוסף, וכן בתפילה נוספת שתיקן רבי נחוניא בן הקנה למי שנכנס ללמוד תורה בבית המדרש. דנים בתוכן של תפילת העמידה, כיצד מתפלל אותה אדם הנמצא בדרך או במקום סכנה, ובחובת תפילת המוסף.

פרק ה עוסק בדיני התפילה: כובד הראש הנדרש בה, איסור ההפסקה לדברים אחרים, תוספות שונות שתיקנו לומר בתוך התפילה, ובטעויות ובלבולים העשויים להיווצר בתפילה.

ברכות הנהנין

פרק ו עוסק בברכה ראשונה על המזון: ברכת הפת, היין, הפירות והירקות, דיני טעות בברכה, דין עיקר וטפל ודיני ברכה אחרונה.

פרק ז עוסק בדיני ברכת הזימון, על איזה מאכל חייבים בזימון, מי חייב לזמן, נוסח ברכת הזימון, פיצול וצירוף קבוצות שונות לזימון.

דיני הסעודה

בפרק ח מובאות מחלוקות בין בית שמאי לבית הלל בנוגע לענייני הסעודה וסדריה: סדר ברכות הקידוש, נטילת ידיים ומזיגת הכוס, קינוח הידיים במפה, כיבוד (=טְאטוּא) הבית, סדר ההבדלה ומתוך כך כמה דיני הבדלה, מי שאכל ושכח לברך - היכן יברך, וברכת המזון על כוס יין.

ברכות השבח

בפרק ט מובאות ברכות שונות ומיוחדות: ברכה על מקום שנעשו בו ניסים, ברכה על תופעות טבע שונות, ברכה על בית וכלים חדשים, תפילת שווא, ברכה על כניסה לעיר גדולה ויציאה ממנה. בהמשך מובא שחובה לברך על הרעה כשם שמברך על הטובה ומסיימים בדיני העלייה להר הבית וברכת שלום.

פרק ראשון

פרק זה עוסק במצוות קריאת שמע, כיצד מקיימים אותה, מתי זמנה ומה הן ברכותיה. מצווה מן התורה לקרוא את פרשת "שמע" פעמיים ביום, שנאמר: "שמע ישראל, ה' אלהינו, ה' אחד... ודברת בם בשבתך בביתך ובלכתך בדרך ובשכבך ובקומך", בזמן השכיבה בלילה ובקימה בבוקר.

קריאת שמע כוללת שלוש פרשות:

א. "שמע ישראל" - ובה קבלת עול מלכות שמים.

ב. "והיה אם שמוע תשמעו אל מצוותי" - ובה קבלת עול מצוות התורה.

ג. פרשת ציצית - ובה הזכרה של יציאת מצרים.

בסוף הפרק דנים בחובה להזכיר את יציאת מצרים בכל יום.

א מֵאֵימָתַי קוֹרִין אֶת "שְׁמַע" בְּעַרְבִית?
מִשָּׁעָה שֶׁהַכֹּהֲנִים נִכְנָסִים לֶאֱכוֹל בִּתְרוּמָתָן,

עַד סוֹף הָאַשְׁמוּרָה הָרִאשׁוֹנָה,
דִּבְרֵי רַבִּי אֱלִיעֶזֶר.
וַחֲכָמִים אוֹמְרִים: עַד חֲצוֹת.
רַבָּן גַּמְלִיאֵל אוֹמֵר:
עַד שֶׁיַּעֲלֶה עַמּוּד הַשַּׁחַר.
מַעֲשֶׂה שֶׁבָּאוּ בָנָיו מִבֵּית הַמִּשְׁתֶּה,
אָמְרוּ לוֹ: "לֹא קָרִינוּ אֶת "שְׁמַע".
אָמַר לָהֶם:
"אִם לֹא עָלָה עַמּוּד הַשַּׁחַר –
חַיָּבִין אַתֶּם לִקְרוֹת".

וְלֹא זוֹ בִּלְבַד,
אֶלָּא כָּל מַה שֶּׁאָמְרוּ חֲכָמִים: "עַד חֲצוֹת" –
מִצְוָתָן עַד שֶׁיַּעֲלֶה עַמּוּד הַשַּׁחַר,
הֶקְטֵר חֲלָבִים וְאֵבָרִים –
מִצְוָתָן עַד שֶׁיַּעֲלֶה עַמּוּד הַשַּׁחַר,
וְכָל הַנֶּאֱכָלִין לְיוֹם אֶחָד –
מִצְוָתָן עַד שֶׁיַּעֲלֶה עַמּוּד הַשַּׁחַר.
אִם כֵּן, לָמָּה אָמְרוּ חֲכָמִים: "עַד חֲצוֹת"?
כְּדֵי לְהַרְחִיק אֶת הָאָדָם מִן הָעֲבֵירָה.

רבי עובדיה מברטנורה

מֵאֵימָתַי קוֹרִין... מִשָּׁעָה שֶׁהַכֹּהֲנִים נִכְנָסִין לֶאֱכֹל בִּתְרוּמָתָן. כֹּהֲנִים שֶׁנִּטְמְאוּ וְטָבְלוּ – אֵין יְכוֹלִים לֶאֱכֹל בַּתְּרוּמָה עַד שֶׁיֶּעֱרַב שִׁמְשָׁן, דְּהַיְנוּ צֵאת הַכּוֹכָבִים. וְהָא דְּלָא תָּנֵי מִשְּׁעַת צֵאת הַכּוֹכָבִים – מִלְּתָא אַגַּב אוֹרְחֵיהּ קָא מַשְׁמַע לָן, שֶׁאִם נִטְמְאוּ הַכֹּהֲנִים בְּטֻמְאָה

שֶׁטָּהֳרָתָן תְּלוּיָה בְּקָרְבָּן, כְּגוֹן זָב וּמְצֹרָע – אֵין הַכַּפָּרָה מְעַכַּבְתָּן מִלֶּאֱכֹל בַּתְּרוּמָה, דִּכְתִיב (ויקרא כב, ז): "וּבָא הַשֶּׁמֶשׁ וְטָהֵר, וְאַחַר יֹאכַל מִן הַקֳּדָשִׁים" – בִּיאַת שִׁמְשׁוֹ מְעַכַּבְתּוֹ מִלֶּאֱכֹל בַּתְּרוּמָה, וְאֵין כַּפָּרָתוֹ מְעַכַּבְתּוֹ מִלֶּאֱכֹל בַּתְּרוּמָה:

עַד סוֹף הָאַשְׁמוּרָה הָרִאשׁוֹנָה. שְׁלִישׁ הָרִאשׁוֹן שֶׁל לַיְלָה. שֶׁהַלַּיְלָה נֶחְלָקָה לִשְׁלֹשָׁה מִשְׁמָרוֹת. וּמִשָּׁם וְאֵילָךְ – לָא מִקְרֵי תּוּ זְמַן קְרִיאַת שְׁמַע דִּשְׁכִיבָה, וְלָא קָרֵינָא בֵּיהּ "בְּשָׁכְבְּךָ" (דברים ו, ז). וּמִקַּמֵּי צֵאת הַכּוֹכָבִים – נָמֵי יְמָמָא הוּא, וְלָאו זְמַן שְׁכִיבָה. וְהַמַּקְדִּימִים וְקוֹרִים קְרִיאַת שְׁמַע שֶׁל עַרְבִית מִבְּעוֹד יוֹם, סוֹמְכִים אַהָא דְּרַבִּי יְהוּדָה דְּאָמַר לְקַמָּן בְּפֶרֶק תְּפִלַּת הַשַּׁחַר (משנה א) תְּפִלַּת הַמִּנְחָה עַד פְּלַג הַמִּנְחָה, שֶׁהוּא שָׁעָה וּרְבִיעַ קֹדֶם הַלַּיְלָה. וְקַיְמָא לָן דַּעֲבַד כְּרַבִּי יְהוּדָה – עֲבַד, וּמִיָּד כְּשֶׁכָּלָה זְמַן הַמִּנְחָה מַתְחִיל זְמַן קְרִיאַת שְׁמַע שֶׁל עַרְבִית:

עַד שֶׁיַּעֲלֶה עַמּוּד הַשַּׁחַר. דְּכָל הַלַּיְלָה מִקְרֵי זְמַן שְׁכִיבָה. וַהֲלָכָה כְּרַבָּן גַּמְלִיאֵל, שֶׁגַּם חֲכָמִים מוֹדִים לוֹ, **וְלֹא אָמְרוּ... "עַד חֲצוֹת" אֶלָּא כְּדֵי לְהַרְחִיק אֶת הָאָדָם מִן הָעֲבֵרָה.** וּמִיהוּ לְכַתְּחִלָּה מִשֶּׁהִגִּיעַ עוֹנַת קְרִיאַת שְׁמַע שֶׁל עַרְבִית דְּמַתְנִיתִין דְּהַיְנוּ מִצֵּאת הַכּוֹכָבִים – אָסוּר לִסְעֹד, וְכָל שֶׁכֵּן לִישֹׁן, עַד שֶׁיִּקְרָא קְרִיאַת שְׁמַע וְיִתְפַּלֵּל:

מַעֲשֶׂה שֶׁבָּאוּ בָנָיו מִבֵּית הַמִּשְׁתֶּה. בְּנֵי רַבָּן גַּמְלִיאֵל שְׁמָעִינְהוּ לְרַבָּנַן דְּאָמְרֵי: "עַד חֲצוֹת", וְהָכִי קָאָמְרֵי לֵיהּ: "הָא דִּפְלִיגֵי רַבָּנָן עֲלָךְ, דַּוְקָא קָאָמְרֵי: 'עַד חֲצוֹת' וְתוּ לָא, וְיָחִיד וְרַבִּים הֲלָכָה כְּרַבִּים, אוֹ דִּלְמָא רַבָּנָן כְּוָתָךְ סְבִירָא לְהוּ, וְהַאי דְּקָאָמְרֵי: 'עַד חֲצוֹת' כְּדֵי לְהַרְחִיק אֶת הָאָדָם מִן הָעֲבֵרָה?". וַאֲמַר לְהוּ: "רַבָּנָן כְּוָתִי סְבִירָא לְהוּ, וְהַאי דְּקָאָמְרֵי: **'עַד חֲצוֹת' כְּדֵי לְהַרְחִיק אֶת הָאָדָם מִן הָעֲבֵרָה, וְחַיָּבִים אַתֶּם לִקְרוֹת"**:

וְלֹא זוֹ בִּלְבַד. כֻּלָּהּ מִלְּתָא דְּרַבָּן גַּמְלִיאֵל הִיא דַּאֲמַר לְבָנָיו: **הֶקְטֵר חֲלָבִים** שֶׁל קָרְבָּנוֹת: **וְאֵבָרִים** שֶׁל עוֹלַת תָּמִיד שֶׁל בֵּין הָעַרְבַּיִם שֶׁנִּזְרַק דָּמוֹ בַּיּוֹם, מִצְוָה לְהַעֲלוֹת הַנְּתָחִים כָּל הַלַּיְלָה דִּכְתִיב (ויקרא ו, ב): "הִוא הָעֹלָה עַל מוֹקְדָה עַל הַמִּזְבֵּחַ כָּל הַלַּיְלָה עַד הַבֹּקֶר": **וְכָל הַנֶּאֱכָלִין לְיוֹם אֶחָד.** כְּגוֹן: תּוֹדָה, וְחַטָּאת וְאָשָׁם, וְכַיּוֹצֵא בָּהֶם, שֶׁהֵם נֶאֱכָלִים לְיוֹם וְלַיְלָה – זְמַן אֲכִילָתָן **עַד שֶׁיַּעֲלֶה עַמּוּד הַשַּׁחַר,** וְהוּא הַמֵּבִיא לִידֵי נוֹתָר: **אִם כֵּן לָמָּה אָמְרוּ חֲכָמִים עַד חֲצוֹת?** בִּקְרִיאַת שְׁמַע וּבַאֲכִילַת קָדָשִׁים, אֲבָל בְּ**הֶקְטֵר חֲלָבִים וְאֵיבָרִים** – לֹא אָמְרוּ בוֹ חֲכָמִים עַד חֲצוֹת כְּלָל, וְלָא נָקֵט לֵיהּ הָכָא, אֶלָּא לְהוֹדִיעַ שֶׁכָּל דָּבָר שֶׁמִּצְוָתוֹ בַּלַּיְלָה – כָּשֵׁר כָּל הַלַּיְלָה: **כְּדֵי לְהַרְחִיק אֶת הָאָדָם מִן הָעֲבֵרָה.** שֶׁלֹּא יָבֹא לֶאֱכָלָן אַחַר שֶׁיַּעֲלֶה עַמּוּד הַשַּׁחַר וְיִתְחַיֵּב כָּרֵת, וְכֵן בִּקְרִיאַת שְׁמַע שֶׁלֹּא יֹאמַר: "עֲדַיִן יֵשׁ לִי שָׁהוּת", וְתַעֲבֹר עוֹנָתָהּ.

משנה זו עוסקת בזמן המצווה של קריאת שמע בלילה, מתי תחילת הזמן ומתי סוף הזמן.

מֵאֵימָתַי מתחיל הזמן שבו **קוֹרִין אֶת "שְׁמַע" בְּעַרְבִית** בלילה, לקיים את מצוות "ודברת בם... בשכבך"?

מִשָּׁעָה שֶׁהַכֹּהֲנִים נִכְנָסִים לֶאֱכוֹל בִּתְרוּמָתָן, וזמן זה הוא בצאת הכוכבים, כשנראים ברקיע שלושה כוכבים. כעשרים דקות אחרי שקיעת השמש.

בתורה כתוב שהקריאה היא בזמן שבני אדם שוכבים לישון (ראה להלן משנה ג), ועל פי זה נחלקו התנאים מהו סוף הזמן של מצוות קריאת שמע בלילה: האם זמן שכיבה הוא הזמן שאנשים הולכים לישון או כל זמן שהם כבר ישנים עד שמתעוררים.

זמנה של מצוות קריאת שמע הוא **עַד סוֹף הָאַשְׁמוּרָה** המשמרת **הָרִאשׁוֹנָה** של הלילה, **דִּבְרֵי רַבִּי אֱלִיעֶזֶר** – הלילה מתחלק לשלושה חלקים וכל אחד נקרא "משמרת". לדעת רבי אליעזר בסוף השליש הראשון של הלילה עובר זמן המצווה ואי אפשר עוד לקיימה כי רוב האנשים הולכים לישון עד זמן זה. בימי קדם, קודם המצאת השעון, היו משתמשים במערכת הכוכבים כדי לדעת את השעה, וכן בסימנים נוספים מעולם הטבע, כגון שבשליש הלילה היה נשמע קול החמור שנוער (ראה גמרא ג, א).

וַחֲכָמִים אוֹמְרִים: עַד חֲצוֹת, חצי הלילה.

רַבָּן גַּמְלִיאֵל אוֹמֵר: עַד שֶׁיַּעֲלֶה עַמּוּד הַשַּׁחַר – כל הלילה, עד שאור הבוקר נראה במזרח עוד קודם שהשמש נראית, שזהו הזמן שאנשים ישנים.

מַעֲשֶׂה שֶׁבָּאוּ בָנָיו של רבן גמליאל מאוחר בלילה **מִבֵּית הַמִּשְׁתֶּה** של חתונה,

אָמְרוּ לוֹ: "עדיין **לֹא קָרִינוּ אֶת "שְׁמַע"**, ורצו לדעת אם צריכים לקרוא.

אָמַר לָהֶם רבן גמליאל: **"אִם לֹא עָלָה עַמּוּד הַשַּׁחַר – חַיָּבִין אַתֶּם לִקְרוֹת"**, כפי דעתו, שזמן קריאת שמע הוא במשך כל הלילה.

המשנה מוסיפה כלל: חכמים הגבילו את זמנן של חלק מהמצוות שזמנן בלילה כדי לזרז את האדם שיקיים את המצווה מוקדם ולא ימתין עד הרגע האחרון, שמא יפספס את זמן המצווה.

וְלֹא זוֹ בִּלְבַד, אֶלָּא כָּל מַה שֶּׁאָמְרוּ חֲכָמִים: "עַד חֲצוֹת" – זמן **מִצְוָתָן** מעיקר הדין הוא במשך כל הלילה, **עַד שֶׁיַּעֲלֶה עַמּוּד הַשַּׁחַר,** כגון **הֶקְטֵר חֲלָבִים וְאֵבָרִים** של הקרבנות, **מִצְוָתָן** מצווה להעלות חלקים אלו על מזבח העולה שיישרפו, **עַד שֶׁיַּעֲלֶה עַמּוּד הַשַּׁחַר, וְכָל** הקרבנות **הַנֶּאֱכָלִין** לאחר שחיטתם **לְיוֹם אֶחָד** בלבד, כגון קרבן תודה (ראה זבחים ה, ה-ו), **מִצְוָתָן** להיאכל כל הלילה **עַד שֶׁיַּעֲלֶה עַמּוּד הַשַּׁחַר.**

אִם כֵּן, שמן הדין הזמן הוא עד עלות השחר, **לָמָּה אָמְרוּ חֲכָמִים: "עַד חֲצוֹת"** בלבד? **כְּדֵי לְהַרְחִיק אֶת הָאָדָם מִן הָעֲבֵירָה** – לזרז את האדם שיקיים את המצווה מוקדם, לפני חצות, ולא ימתין עד הרגע האחרון, שמא ישכח או יירדם ויעבור הזמן.

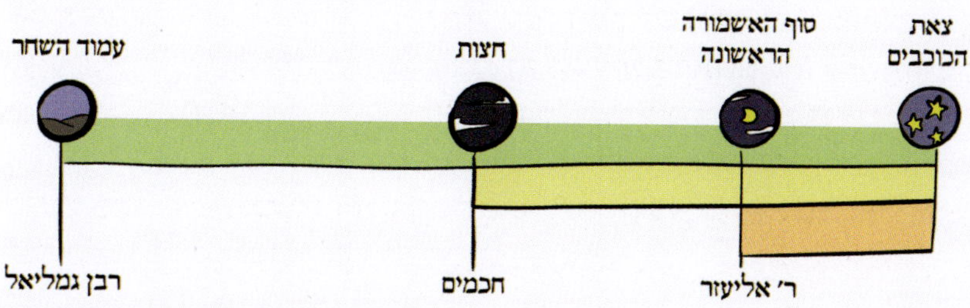

ב מֵאֵימָתַי קוֹרִין אֶת "שְׁמַע" בְּשַׁחֲרִית?
מִשֶּׁיַּכִּיר בֵּין תְּכֵלֶת לְלָבָן,
רַבִּי אֱלִיעֶזֶר אוֹמֵר:
בֵּין תְּכֵלֶת לְכַרְתִּי.

וְגוֹמְרָהּ עַד הָנֵץ הַחַמָּה.
רַבִּי יְהוֹשֻׁעַ אוֹמֵר:
עַד שָׁלֹשׁ שָׁעוֹת,
שֶׁכֵּן דֶּרֶךְ בְּנֵי מְלָכִים לַעֲמֹד בְּשָׁלֹשׁ שָׁעוֹת.

הַקּוֹרֵא מִכָּאן וְאֵילָךְ – לֹא הִפְסִיד,
כְּאָדָם הַקּוֹרֵא בַּתּוֹרָה.

רבי עובדיה מברטנורה

בֵּין תְּכֵלֶת לְלָבָן. **בֵּין** חוּטֵי **תְּכֵלֶת** לְחוּטֵי **לָבָן** שֶׁבַּצִּיצִית. פֵּרוּשׁ אַחֵר: גִּזַּת צֶמֶר שֶׁצְּבָעָהּ **תְּכֵלֶת**, וְיֵשׁ בָּהּ מְקוֹמוֹת שֶׁלֹּא נִקְלַט הַצֶּבַע יָפֶה, וְנִשְׁאַר **לָבָן**.

בֵּין תְּכֵלֶת לְכַרְתִּי. צֶבַע **הַתְּכֵלֶת** קָרוֹב לְגֶוֶן שֶׁל **כַּרְתִּי**. כְּרֵישִׁין, שֶׁקּוֹרִין פורוש porros בְּלַעַ"ז [באיטלקית].

עַד שָׁלֹשׁ שָׁעוֹת בַּיּוֹם, עַד סוֹף שָׁעָה שְׁלִישִׁית שֶׁהוּא רְבִיעַ הַיּוֹם, בִּזְמַן שֶׁהַיָּמִים וְהַלֵּילוֹת שָׁוִים. וּלְעוֹלָם זְמַן קְרִיאַת שְׁמַע הוּא עַד רְבִיעַ הַיּוֹם, בֵּין שֶׁהַיָּמִים אֲרֻכִּים בֵּין קְצָרִים. וְכֵן הָא דִּתְנַן לְקַמָּן (ד, א) **תְּפִלַּת הַשַּׁחַר עַד אַרְבַּע שָׁעוֹת** בַּיּוֹם, הַיְנוּ עַד שְׁלִישׁ הַיּוֹם. וְאַרְבַּע שָׁעוֹת דִּנְקַט, לְפִי שֶׁשְּׁלִישׁ הַיּוֹם הוּא אַרְבַּע שָׁעוֹת, בִּזְמַן שֶׁהַיָּמִים וְהַלֵּילוֹת שָׁוִין. וְכָל מָקוֹם שֶׁנִּזְכָּר בַּמִּשְׁנָה כָּךְ וְכָךְ שָׁעוֹת בַּיּוֹם – עַל דֶּרֶךְ זֶה אַתָּה צָרִיךְ לַחֲשֹׁב וְלָדוּן. זוֹ הֵבַנְתִּי מִפֵּרוּשֵׁי הָרַמְבָּ"ם וְנִתְקַבֵּל לִי.

וְטַעְמָא **דְּרַבִּי יְהוֹשֻׁעַ** דְּאָמַר **עַד שָׁלֹשׁ שָׁעוֹת** בַּיּוֹם, שֶׁכֵּן **דֶּרֶךְ בְּנֵי מְלָכִים** שֶׁאֵין עוֹמְדִין מִמִּטָּתָן עַד סוֹף שָׁעָה שְׁלִישִׁית וְרַחֲמָנָא דַּאֲמַר: "וּבְקוּמֶךָ" **עַד שָׁעָה שֶׁכָּל בְּנֵי אָדָם עוֹמְדִים** מִמִּטָּתָם קָאָמַר [עיין משנה ג], וַהֲלָכָה כְּרַבִּי יְהוֹשֻׁעַ. וּמִיהוּ לְכַתְּחִלָּה צָרִיךְ לְכַוֵּן לִקְרוֹת קְרִיאַת שְׁמַע עִם הָנֵץ הַחַמָּה, כְּמוֹ שֶׁהָיוּ הַוָּתִיקִים עוֹשִׂים:

לֹא הִפְסִיד. כְּלוֹמַר **לֹא הִפְסִיד** מִלְּבָרֵךְ לְפָנֶיהָ וּלְאַחֲרֶיהָ, אֶלָּא אַף עַל פִּי שֶׁעָבְרָה עוֹנָתָהּ קוֹרֵא וּמְבָרֵךְ לְפָנֶיהָ וּלְאַחֲרֶיהָ: **כְּאָדָם שֶׁקּוֹרֵא בַּתּוֹרָה.** אַף עַל פִּי שֶׁלֹּא יָצָא יְדֵי חוֹבַת קְרִיאַת שְׁמַע בְּעוֹנָתָהּ – יֵשׁ לוֹ קִבּוּל שָׂכָר כְּקוֹרֵא בַּתּוֹרָה.

משנה זו עוסקת בזמן המצווה של קריאת שמע בבוקר, מתי תחילת הזמן ומתי סופו.

מֵאֵימָתַי קוֹרִין אֶת "שְׁמַע" בְּשַׁחֲרִית? מִשֶּׁיַּכִּיר בֵּין תְּכֵלֶת לְלָבָן – שיאיר היום עד שהאדם יוכל להבחין בין חוטי הציצית, בין פתיל התכלת ובין פתיל הלבן הסמוך לו.

רַבִּי אֱלִיעֶזֶר אוֹמֵר: בֵּין תְּכֵלֶת לְכַרְתִּי – שיאיר היום יותר, עד שהאדם יוכל להבחין בין צבע התכלת לצבע הירק "כרתי" (כרישה, מעין בצל), והוא צבע ירקרק.

בתורה כתוב שהקריאה היא בזמן הקימה של בני אדם משנתם, ועל פי זה נחלקו התנאים מהו סוף הזמן של מצוות קריאת שמע שבבוקר.

וְגוֹמְרָהּ את קריאת שמע **עַד הָנֵץ הַחַמָּה,** שעד אז בני האדם קמים משנתם.

רַבִּי יְהוֹשֻׁעַ אוֹמֵר: עַד שָׁלֹשׁ שָׁעוֹת מתחילת הבוקר, **שֶׁכֵּן דֶּרֶךְ בְּנֵי מְלָכִים לַעֲמֹד בְּשָׁלֹשׁ שָׁעוֹת** – רוב בני האדם היו קמים בשעות המוקדמות של הבוקר כדי להתחיל את עיסוקיהם, אך בני המלכים לא מיהרו למלאכה וישנו עד שעה מאוחרת יותר.

הַקּוֹרֵא את שמע **מִכָּאן וְאֵילָךְ** לאחר זמן המצווה - **לֹא הִפְסִיד,** למרות שאינו מקיים את מצוות קריאת שמע, הרי הוא **כְּאָדָם הַקּוֹרֵא בַּתּוֹרָה,** ומקיים מצוות לימוד תורה.

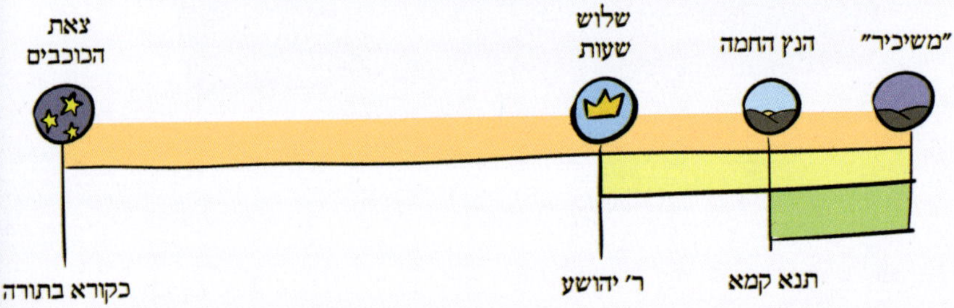

ג בֵּית שַׁמַּאי אוֹמְרִים:
בָּעֶרֶב – כָּל אָדָם יַטּוּ וְיִקְרְאוּ,
וּבַבֹּקֶר – יַעַמְדוּ,
שֶׁנֶּאֱמַר (דברים ו, ז): "וּבְשָׁכְבְּךָ וּבְקוּמֶךָ".
וּבֵית הִלֵּל אוֹמְרִים:
כָּל אָדָם קוֹרֵא כְּדַרְכּוֹ,
שֶׁנֶּאֱמַר (שם): "וּבְלֶכְתְּךָ בַדֶּרֶךְ".
אִם כֵּן, לָמָּה נֶאֱמַר: "וּבְשָׁכְבְּךָ וּבְקוּמֶךָ"?
בְּשָׁעָה שֶׁבְּנֵי אָדָם שׁוֹכְבִים,
וּבְשָׁעָה שֶׁבְּנֵי אָדָם עוֹמְדִים.

אָמַר רַבִּי טַרְפוֹן:
אֲנִי הָיִיתִי בָא בַּדֶּרֶךְ,
וְהִטֵּיתִי לִקְרוֹת כְּדִבְרֵי בֵית שַׁמַּאי,
וְסִכַּנְתִּי בְעַצְמִי מִפְּנֵי הַלִּסְטִים.
אָמְרוּ לוֹ:
כְּדַי הָיִיתָ לָחוּב בְּעַצְמְךָ,
שֶׁעָבַרְתָּ עַל דִּבְרֵי בֵית הִלֵּל.

רבי עובדיה מברטנורה

יַטּוּ עַל צִדֵּיהֶם, דִּכְתִיב: "**בְּשָׁכְבְּךָ**" – דֶּרֶךְ שְׁכִיבָה: **יַעַמְדוּ.** דִּכְתִיב: "**וּבְקוּמֶךָ**" – דֶּרֶךְ קִימָה:

כְּדַרְכּוֹ. בֵּין בְּקִימָה, בֵּין בִּישִׁיבָה, בֵּין בִּשְׁכִיבָה, בֵּין בַּהֲלִיכָה: **כְּדַי הָיִיתָ.** רָאוּי הָיִיתָ לֵהָרֵג, וְאִם הָיִיתָ מֵת – הָיִיתָ מִתְחַיֵּב בְּנַפְשְׁךָ.

משנה זו מביאה מחלוקת מהי התנוחה שבה יש לקרוא את שמע, והיא תלויה בביאור הפסוק "ודברת בם... ובלכתך בדרך ובשכבך ובקומך".

בֵּית שַׁמַּאי אוֹמְרִים: בָּעֶרֶב - כָּל אָדָם יַטּוּ את גופם, כעין שכיבה, **וְיִקְרְאוּ** את שמע, **וּבַבֹּקֶר - יַעַמְדוּ** ויקראו את שמע, **שֶׁנֶּאֱמַר: "וּבְשָׁכְבְּךָ וּבְקוּמֶךָ".** לפי בית שמאי, "בשכבך ובקומך" אינה רק הוראה הקובעת את הזמן שבו צריך לקרוא את "שמע", אלא גם ציווי באיזה מצב הגוף צריך להיות בעת הקריאה - בלילה בשכיבה ובבוקר בעמידה. ואמרו בית שמאי שבלילה יש להטות את הגוף באופן קרוב לשכיבה, שכן לא מכובד לקרוא את שמע בשכיבה ממש (תפארת ישראל).

וּבֵית הִלֵּל אוֹמְרִים: כָּל אָדָם קוֹרֵא כְּדַרְכּוֹ, באיזו תנוחה שרוצה, **שֶׁנֶּאֱמַר: "וּבְלֶכְתְּךָ בַדֶּרֶךְ",** ואפילו בהליכה.

אִם כֵּן, שאפשר לקרוא בכל תנוחה, **לָמָּה נֶאֱמַר: "וּבְשָׁכְבְּךָ וּבְקוּמֶךָ"?** ללמד על זמן המצווה, **בְּשָׁעָה שֶׁבְּנֵי אָדָם שׁוֹכְבִים, וּבְשָׁעָה שֶׁבְּנֵי אָדָם עוֹמְדִים.**

המשנה מביאה מעשה שמלמד שהלכה כבית הלל.

אָמַר רַבִּי טַרְפוֹן: אֲנִי הָיִיתִי בָא בַדֶּרֶךְ, והגיע זמן קריאת שמע של לילה, **וְהִטֵּיתִי** את גופי כדי **לִקְרוֹת כְּדִבְרֵי בֵית שַׁמַּאי** בתנוחה של שכיבה, **וְסִכַּנְתִּי בְעַצְמִי מִפְּנֵי הַלִּסְטִים** - הסתכנתי במעשה זה, שהתעכבתי בדרך שיש בה לסטים, שודדים.

אָמְרוּ לוֹ חכמים: עשית שלא כהוגן! **כְּדַי הָיִיתָ לָחוּב בְּעַצְמְךָ** - היית ראוי להתחייב מיתה, **שֶׁעָבַרְתָּ עַל דִּבְרֵי בֵית הִלֵּל** ועשית שלא כפי ההלכה, לקרוא את שמע אפילו תוך כדי הליכה, ואסור לשכב במיוחד כדי לקרוא את שמע כבית שמאי.

ד **בַּשַּׁחַר מְבָרֵךְ שְׁתַּיִם לְפָנֶיהָ וְאַחַת לְאַחֲרֶיהָ,**
וּבָעֶרֶב - שְׁתַּיִם לְפָנֶיהָ וּשְׁתַּיִם לְאַחֲרֶיהָ,
אַחַת אֲרֻכָּה, וְאַחַת קְצָרָה.

מְקוֹם שֶׁאָמְרוּ לְהַאֲרִיךְ - אֵינוֹ רַשַּׁאי לְקַצֵּר,
לְקַצֵּר - אֵינוֹ רַשַּׁאי לְהַאֲרִיךְ.
לַחְתּוֹם - אֵינוֹ רַשַּׁאי שֶׁלֹּא לַחְתּוֹם,
וְשֶׁלֹּא לַחְתּוֹם - אֵינוֹ רַשַּׁאי לַחְתּוֹם.

רבי עובדיה מברטנורה

שְׁתַּיִם לְפָנֶיהָ. "יוֹצֵר אוֹר" וְ"אַהֲבָה": **וְאַחַת לְאַחֲרֶיהָ.** "אֱמֶת וְיַצִּיב": **וּבָעֶרֶב.** מְבָרֵךְ **שְׁתַּיִם לְפָנֶיהָ.** "מַעֲרִיב עֲרָבִים" וְ"אַהֲבַת עוֹלָם": **וּשְׁתַּיִם לְאַחֲרֶיהָ.** "אֱמֶת וֶאֱמוּנָה" וְ"הַשְׁכִּיבֵנוּ": **אַחַת אֲרֻכָּה וְאַחַת קְצָרָה.** אַ**שְּׁתַּיִם** שֶׁלְּ**פָנֶיהָ** קָאֵי, "יוֹצֵר אוֹר" אֲרֻכָּה, שֶׁפּוֹתַחַת בְּבָרוּךְ וְחוֹתֶמֶת בְּבָרוּךְ, וְכֵן "מַעֲרִיב עֲרָבִים". "אַהֲבָה" - קְצָרָה, שֶׁחוֹתֶמֶת בְּבָרוּךְ וְאֵינָהּ פּוֹתַחַת בְּבָרוּךְ: **לַחְתֹּם** בְּבָרוּךְ: **שֶׁלֹּא לַחְתֹּם.** כְּגוֹן בִּרְכַּת הַפֵּרוֹת וּבִרְכַּת הַמִּצְוֹת.

משנה זו עוסקת בברכות קריאת שמע שבבוקר ובלילה - הברכות שלפני קריאת שמע והברכות שאחריה.

בַּשַּׁחַר בבוקר **מְבָרֵךְ שְׁתַּיִם לְפָנֶיהָ** - ברכת "יוצר אור" וברכת "אהבה רבה" (ויש אומרים "אהבת עולם"), **וְאַחַת לְאַחֲרֶיהָ** - "אמת ויציב... ברוך אתה ה' גאל ישראל".

וּבָעֶרֶב - שְׁתַּיִם לְפָנֶיהָ, ברכת "המעריב ערבים" וברכת "אהבת עולם", **וּשְׁתַּיִם לְאַחֲרֶיהָ** - "אמת ואמונה... ברוך אתה ה' גאל ישראל" וברכת "השכיבנו".

את נוסח הברכות תיקנו אנשי הכנסת הגדולה (בבלי ברכות לג, א). יש ברכות שיש להן פתיחה בנוסח של ברכה "ברוך אתה ה'...", יש

כאלו שיש להן סיום בנוסח זה של ברכה, ויש כאלו שיש להן גם פתיחה וגם סיום, ואלו נקראות ברכות "ארוכות", כגון ברכת יוצר אור: "ברוך אתה ה' אלהינו מלך העולם יוצר אור... ברוך אתה ה' יוצר המאורות".

ברכות אלו שלפני קריאת שמע, **אַחַת** מהן **אֲרֻכָּה** – שמתחילה בנוסח ברכה "ברוך אתה ה'", וגם מסתיימת בנוסח זה, כגון "יוצר אור", **וְאַחַת** מהן **קְצָרָה** – שמסתיימת בנוסח ברכה, אך לא מתחילה בו אלא: "אהבת עולם אהבתנו...".

מְקוֹם שֶׁאָמְרוּ חכמים **לְהַאֲרִיךְ** ולברך ברכה ארוכה שיש בה פתיחה - **אֵינוֹ רַשַּׁאי לְקַצֵּר** על דעת עצמו, ובמקום שאמרו חכמים **לְקַצֵּר** בלי פתיחה - **אֵינוֹ רַשַּׁאי לְהַאֲרִיךְ** ולהוסיף פתיחה כנוסח ברכה ארוכה (רמב"ם).

כמו כן, במקום שאמרו חכמים **לַחְתּוֹם** לסיים בנוסח של ברכה, כגון "ברוך אתה ה' אוהב את עמו ישראל" - **אֵינוֹ רַשַּׁאי שֶׁלֹּא לַחְתּוֹם**, לסיים בלי נוסח ברכה. **וְשֶׁלֹּא לַחְתּוֹם** – וכשאמרו לא לחתום, כגון ברכת הנהנין על מאכלים או ברכת המצוות שפותחות בנוסח ברכה ואין להן סיום בנוסח ברכה, **אֵינוֹ רַשַּׁאי לַחְתּוֹם** ולסיים בתוספת של נוסח ברכה.

שחרית

יוצר אור

אהבת עולם

קריאת שמע

גאל ישראל

ערבית

מעריב ערבים

אהבת עולם

קריאת שמע

גאל ישראל

השכיבנו

ה **מַזְכִּירִין יְצִיאַת מִצְרַיִם בַּלֵּילוֹת.**
אָמַר רַבִּי אֶלְעָזָר בֶּן עֲזַרְיָה:
הֲרֵי אֲנִי כְּבֶן שִׁבְעִים שָׁנָה,
וְלֹא זָכִיתִי שֶׁתֵּאָמֵר יְצִיאַת מִצְרַיִם בַּלֵּילוֹת,
עַד שֶׁדְּרָשָׁהּ בֶּן זוֹמָא, שֶׁנֶּאֱמַר (דברים טז, ג)**:**
"לְמַעַן תִּזְכֹּר אֶת יוֹם צֵאתְךָ מֵאֶרֶץ מִצְרַיִם כֹּל יְמֵי חַיֶּיךָ",
"יְמֵי חַיֶּיךָ" - הַיָּמִים,
"כֹּל יְמֵי חַיֶּיךָ" - הַלֵּילוֹת.
וַחֲכָמִים אוֹמְרִים:
"יְמֵי חַיֶּיךָ" - הָעוֹלָם הַזֶּה,
"כֹּל יְמֵי חַיֶּיךָ" - לְהָבִיא לִימוֹת הַמָּשִׁיחַ.

רבי עובדיה מברטנורה

מַזְכִּירִין יְצִיאַת מִצְרַיִם בַּלֵּילוֹת. פָּרָשַׁת צִיצִית אוֹמְרִים אוֹתָהּ בִּקְרִיאַת שְׁמַע שֶׁל עַרְבִית, וְאַף עַל פִּי שֶׁאֵין לַיְלָה זְמַן צִיצִית, דִּכְתִיב: "וּרְאִיתֶם אֹתוֹ" - פְּרָט לִכְסוּת לַיְלָה, אוֹמְרִים אוֹתָהּ בַּלַּיְלָה, מִפְּנֵי יְצִיאַת מִצְרַיִם שֶׁבָּהּ: **כְּבֶן שִׁבְעִים שָׁנָה.** הָיִיתִי נִרְאֶה זָקֵן. וְלֹא זָקֵן מַמָּשׁ, אֶלָּא שֶׁהִלְבִּינוּ שַׂעֲרוֹתָיו יוֹם שֶׁמִּנּוּהוּ אוֹתוֹ נָשִׂיא, כְּדֵי שֶׁיֵּרָאֶה זָקֵן וְרָאוּי לַנְּשִׂיאוּת, וְאוֹתוֹ הַיּוֹם דָּרַשׁ בֶּן זוֹמָא מִקְרָא זֶה: **וְלֹא זָכִיתִי.** לֹא נִצַּחְתִּי לַחֲכָמִים. וְדוֹמֶה לוֹ בַּשַּׁ"ס בְּפֶרֶק בְּנוֹת כּוּתִים (נדה לח, ב): "בְּהָא זְכַנְהוּ רַבִּי אֶלְעָזָר לְרַבָּנַן", כְּלוֹמַר נִצְּחָם.

משנה זו עוסקת בחובה להזכיר את יציאת מצרים ביום ובלילה, כדי לזכור את יסודות האמונה שהקב"ה ברא את העולם ומשגיח על בני האדם.

אנו מקיימים חובה זו באמירת פרשת ציצית שבקריאת שמע, שבה נאמר (במדבר טו): "אני ה' אלהיכם אשר הוצאתי אתכם מארץ מצרים". אולם, יש סוברים שאין אומרים בלילה את פרשת ציצית, שכן מצוות ציצית היא דווקא ביום (להלן ב, ב), ולדעה זו צריך להזכיר בנפרד את יציאת מצרים בלילה.

מַזְכִּירִין יְצִיאַת מִצְרַיִם בַּלֵּילוֹת,
כדי לזכור את יסודות האמונה
שהקב"ה ברא את העולם ומשגיח על
בני האדם.

אָמַר רַבִּי אֶלְעָזָר בֶּן עֲזַרְיָה: הֲרֵי אֲנִי כְּבֶן שִׁבְעִים שָׁנָה – אמנם אני צעיר בשנים, אך למדתי תורה הרבה והרי אני כאדם זקן, **וְלֹא זָכִיתִי שֶׁתֵּאָמֵר יְצִיאַת מִצְרַיִם בַּלֵּילוֹת** – למרות עמל התורה והלימוד הרב, לא מצאתי מקור ורמז מן התורה לכך שחייבים להזכיר את יציאת מצרים אף בלילה, **עַד שֶׁדְּרָשָׁהּ בֶּן זוֹמָא, שֶׁנֶּאֱמַר: "לְמַעַן תִּזְכֹּר אֶת יוֹם צֵאתְךָ מֵאֶרֶץ מִצְרַיִם כֹּל יְמֵי חַיֶּיךָ", "יְמֵי חַיֶּיךָ" – הַיָּמִים, "כֹּל יְמֵי חַיֶּיךָ" – הַלֵּילוֹת.** היה די לכתוב בפסוק שצריך לזכור את יציאת מצרים "בימי חייך", אולם יש ריבוי בפסוק לזכור "כל" הימים, ולכלול גם את הלילות.

וַחֲכָמִים אוֹמְרִים שהמילה "כל" מרמזת ריבוי אחר: **"יְמֵי חַיֶּיךָ" – הָעוֹלָם הַזֶּה, "כֹּל יְמֵי חַיֶּיךָ" – לְהָבִיא לִימוֹת הַמָּשִׁיחַ,** שנזכיר את הגאולה ממצרים גם לאחר הגאולה העתידה והנפלאות שנראה בבוא המשיח במהרה בימינו.

פרק שני

פרק זה ממשיך בדינים שונים של מצוות קריאת שמע: כוונת המצווה, הפסקה בדיבור באמצע הקריאה, קריאה בקול, דקדוק האותיות וקריאה בסדר הפוך.

בהמשך דנים בחתן הפטור מקריאת שמע, ומתוך כך הביאו שלושה סיפורים על רבן גמליאל: על קריאת שמע לחתן, על רחיצה לאבל ועל קבלת תנחומים על עבד שמת.

א

הָיָה קוֹרֵא בַּתּוֹרָה, וְהִגִּיעַ זְמַן הַמִּקְרָא:
אִם כִּוֵּן לִבּוֹ - יָצָא,
וְאִם לָאו - לֹא יָצָא.

בַּפְּרָקִים - שׁוֹאֵל מִפְּנֵי הַכָּבוֹד וּמֵשִׁיב,
וּבָאֶמְצַע - שׁוֹאֵל מִפְּנֵי הַיִּרְאָה וּמֵשִׁיב,
דִּבְרֵי רַבִּי מֵאִיר.
רַבִּי יְהוּדָה אוֹמֵר:
בָּאֶמְצַע - שׁוֹאֵל מִפְּנֵי הַיִּרְאָה, וּמֵשִׁיב מִפְּנֵי הַכָּבוֹד,
בַּפְּרָקִים - שׁוֹאֵל מִפְּנֵי הַכָּבוֹד, וּמֵשִׁיב שָׁלוֹם לְכָל אָדָם.

רבי עובדיה מברטנורה

הָיָה קוֹרֵא בַּתּוֹרָה פָּרָשַׁת קְרִיאַת שְׁמַע: **וְהִגִּיעַ זְמַן** קְרִיאַת שְׁמַע: **אִם כִּוֵּן לִבּוֹ - יָצָא.** לְדִבְרֵי הָאוֹמֵר: מִצְוֹת צְרִיכוֹת כַּוָּנָה - צָרִיךְ לְפָרֵשׁ: **אִם כִּוֵּן לִבּוֹ** שֶׁיְּהֵא מִתְכַּוֵּן לָצֵאת יְדֵי חוֹבָתוֹ. וְהָאוֹמֵר: מִצְוֹת אֵין צְרִיכוֹת כַּוָּנָה - מְפָרֵשׁ: **אִם כִּוֵּן לִבּוֹ** לִקְרוֹת כִּנְקֻדָּתָן וּכְהִלְכָתָן, לְאַפּוּקֵי קוֹרֵא לְהַגִּיהַּ, שֶׁאֵינוֹ קוֹרֵא הַתֵּבוֹת כִּנְקֻדָּתָן, אֶלָּא קוֹרֵא כִּכְתִיבָתָן כְּדֵי לְהָבִין בַּחֲסֵרוֹת וִיתֵרוֹת, דִּבְקְרִיאָה כָּזוֹ - **לֹא יָצָא.** וַאֲנַן קַיְמָא לָן כְּמַאן דְּאָמַר מִצְוֹת צְרִיכוֹת כַּוָּנָה: **בַּפְּרָקִים.** לְקַמָּן בְּמַתְנִיתִין מְפָרֵשׁ מָה הֵם הַפְּרָקִים: **שׁוֹאֵל מִפְּנֵי הַכָּבוֹד.** שׁוֹאֵל בִּשְׁלוֹם אָדָם נִכְבָּד שֶׁרָאוּי לְהַקְדִּים לוֹ שָׁלוֹם, כְּגוֹן אָבִיו אוֹ רַבּוֹ אוֹ שֶׁגָּדוֹל מִמֶּנּוּ בְּחָכְמָה: **וּמֵשִׁיב.** וְאֵין צָרִיךְ לוֹמַר שֶׁמֵּשִׁיב לָהֶם שָׁלוֹם, אִם הִקְדִּימוּ לוֹ: **וּבָאֶמְצַע** הַפֶּרֶק: **שׁוֹאֵל מִפְּנֵי הַיִּרְאָה.** אָדָם שֶׁהוּא יָרֵא מִפָּנָיו שֶׁמָּא יַהַרְגֵהוּ, וְאֵין צָרִיךְ לוֹמַר שֶׁמֵּשִׁיב לוֹ שָׁלוֹם. אֲבָל מִפְּנֵי הַכָּבוֹד - לֹא: **רַבִּי יְהוּדָה אוֹמֵר: בָּאֶמְצַע** הַפֶּרֶק - **שׁוֹאֵל** בִּשְׁלוֹם מִי שֶׁהוּא יָרֵא מִמֶּנּוּ, **וּמֵשִׁיב** שָׁלוֹם לְמִי שֶׁמֻּטָּל עָלָיו לְכַבְּדוֹ: **וּמֵשִׁיב שָׁלוֹם לְכָל אָדָם** שֶׁהִקְדִּים לוֹ שָׁלוֹם. וַהֲלָכָה כְּרַבִּי יְהוּדָה. וּבְכָל מָקוֹם שֶׁאָסוּר לְהַפְסִיק - כָּךְ אָסוּר לְדַבֵּר בִּלְשׁוֹן הַקֹּדֶשׁ, כְּמוֹ בִּשְׁאָר לְשׁוֹנוֹת.

משנה זו עוסקת בכוונת המצווה לקרוא את שמע, ובדיני הפסקה בדיבור באמצע הקריאה.

הָיָה קוֹרֵא בַּתּוֹרָה ובדרך לימודו קרא את הפסוקים של "שמע", **וְהִגִּיעַ זְמַן הַמִּקְרָא** של מצוות קריאת "שמע", כפי המבואר לעיל א, א-ב:

אִם כִּוֵּן לִבּוֹ לצאת ידי חובת קריאת שמע - **יָצָא** ידי חובה, **וְאִם לָאו**, שלא הייתה דעתו למצוות קריאת שמע אלא ללימוד תורה - **לֹא יָצָא** ידי חובה, וצריך לחזור ולקרוא לשם מצווה.

התנאים נחלקו מתי מותר להפסיק בדיבור באמצע קריאת שמע ואיזו הפסקה מותרת.

קריאת שמע כוללת שלוש פרשות שונות, וכאשר הקורא סיים פרשה אחת ונמצא **בַּפְּרָקִים** – בין הפרשות של קריאת שמע, כגון בין "שמע" ל"והיה אם שמוע" (ראה משנה הבאה), **שׁוֹאֵל מִפְּנֵי הַכָּבוֹד וּמֵשִׁיב** – שואל שלום מאדם מכובד, כגון אביו או רבו (רמב"ם), וכל שכן שמשיב שלום אם האדם המכובד שאל לשלומו.

וּבָאֶמְצַע – כאשר הקורא נמצא באמצע פרשה, הדין חמור יותר: **שׁוֹאֵל מִפְּנֵי הַיִּרְאָה וּמֵשִׁיב** – שואל שלום

רק מאדם שהוא ירא ממנו, כגון אדם אלים ומסוכן, וכל שכן שהוא משיב שלום לאותו אדם, **דִּבְרֵי רַבִּי מֵאִיר.**

רַבִּי יְהוּדָה אוֹמֵר: בָּאֶמְצַע הפרשה - **שׁוֹאֵל** שלום **מִפְּנֵי הַיִּרְאָה, וּמֵשִׁיב** שלום אפילו לאדם שאינו ירא ממנו אלא **מִפְּנֵי הַכָּבוֹד,** ואילו **בַּפְּרָקִים,** באמצע הפרקים - **שׁוֹאֵל** שלום **מִפְּנֵי הַכָּבוֹד, וּמֵשִׁיב שָׁלוֹם** אפילו **לְכָל אָדָם** ששואל בשלומו.

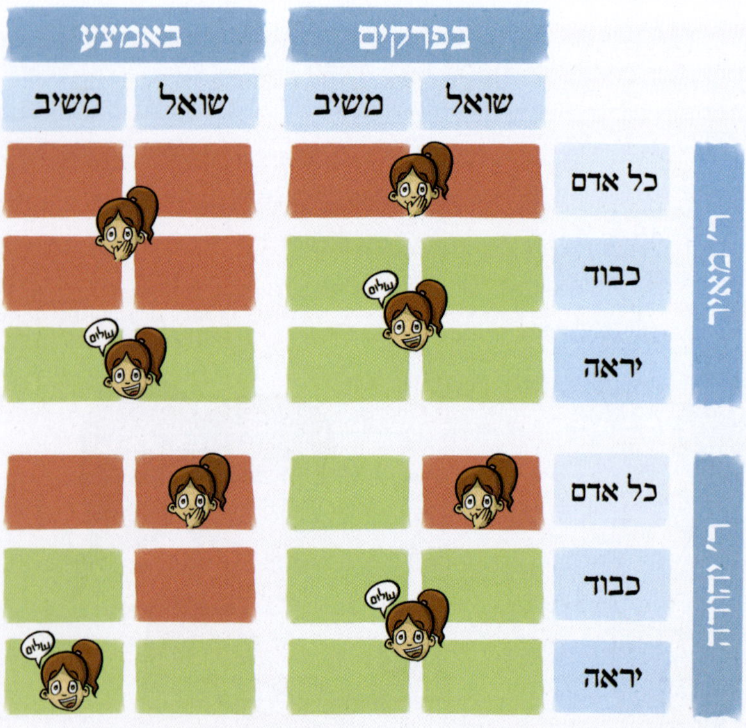

ב אֵלּוּ הֵן בֵּין הַפְּרָקִים:
בֵּין בְּרָכָה רִאשׁוֹנָה לִשְׁנִיָּה,
בֵּין שְׁנִיָּה לִ"שְׁמַע" (דברים ו, ד-ט),
בֵּין "שְׁמַע" לִ"וְהָיָה אִם שָׁמֹעַ" (שם יא, יג-כא),
בֵּין "וְהָיָה אִם שָׁמֹעַ" לְ"וַיֹּאמֶר" (במדבר טו, לז-מא),
בֵּין "וַיֹּאמֶר" לֶ"אֱמֶת וְיַצִּיב".

רַבִּי יְהוּדָה אוֹמֵר:
בֵּין "וַיֹּאמֶר" לֶ"אֱמֶת וְיַצִּיב" לֹא יַפְסִיק.

אָמַר רַבִּי יְהוֹשֻׁעַ בֶּן קָרְחָה:
לָמָּה קָדְמָה "שְׁמַע" לִ"וְהָיָה אִם שָׁמֹעַ"?
אֶלָּא כְּדֵי שֶׁיְּקַבֵּל עָלָיו עֹל מַלְכוּת שָׁמַיִם תְּחִלָּה,
וְאַחַר כָּךְ יְקַבֵּל עָלָיו עֹל מִצְוֹת.
"וְהָיָה אִם שָׁמֹעַ" לְ"וַיֹּאמֶר"?
שֶׁ"וְהָיָה אִם שָׁמֹעַ" נוֹהֵג בַּיּוֹם וּבַלַּיְלָה,
"וַיֹּאמֶר" אֵינוֹ נוֹהֵג אֶלָּא בַּיּוֹם.

רבי עובדיה מברטנורה

בֵּין "וַיֹּאמֶר" לֶ"אֱמֶת וְיַצִּיב" - לֹא יַפְסִיק. דִּכְתִיב: "וַה' אֱלֹהִים אֱמֶת" (ירמיה י, י), הִלְכָּךְ אֵין מַפְסִיקִין בֵּין (במדבר טו, מא): "אֲנִי ה' אֱלֹהֵיכֶם" לֶ"אֱמֶת". וְכֵן הֲלָכָה: **"וְהָיָה אִם שָׁמֹעַ" נוֹהֵג בֵּין בַּיּוֹם בֵּין בַּלַּיְלָה.** דִּכְתִיב בָּהּ (דברים יא, יט): "וְלִמַּדְתֶּם אֹתָם אֶת בְּנֵיכֶם", וְתַלְמוּד תּוֹרָה נוֹהֵג בֵּין בַּיּוֹם וּבֵין בַּלַּיְלָה: **"וַיֹּאמֶר" אֵינוֹ נוֹהֵג אֶלָּא בַּיּוֹם.** דְּאִית בֵּיהּ פָּרָשַׁת צִיצִית שֶׁאֵינָהּ נוֹהֶגֶת בַּלַּיְלָה, דִּכְתִיב (במדבר טו, לט): "וּרְאִיתֶם אֹתוֹ".

משנה זו מבארת מהן פרשות קריאת שמע ואת הסדר שלהן.

אֵלּוּ הֵן בֵּין הַפְּרָקִים, שבהם התירו אמירת שלום, כמבואר במשנה הקודמת:

בֵּין בְּרָכָה רִאשׁוֹנָה של קריאת שמע שהיא "יוצר אור" (בבוקר) או "מעריב ערבים" (בלילה) **לִשְׁנִיָּה** שהיא "אהבת עולם". וכן **בֵּין** ברכה שְׁנִיָּה **לִ"שְׁמַע",** וכן **בֵּין "שְׁמַע" לִ"וְהָיָה אִם שָׁמֹעַ",** וכן **בֵּין "וְהָיָה אִם שָׁמֹעַ" לְ"וַיֹּאמֶר",** וכן **בֵּין "וַיֹּאמֶר" לֶ"אֱמֶת וְיַצִּיב".**

רַבִּי יְהוּדָה אוֹמֵר: בֵּין "וַיֹּאמֶר" לֶ"אֱמֶת וְיַצִּיב" לֹא יַפְסִיק בדיבור, אף שזהו בין הפרקים. "ויאמר" היא פרשת ציצית, המסתיימת במילים "אני ה' אלהיכם", וצריך לחבר מילים אלו לברכת "אמת ויציב" (בשחרית) או "אמת ואמונה" (בערבית), כדי שיאמר יחד "ה' אלהיכם אמת" (על פי הפסוק בירמיה י, י).

סדר הפרשות של קריאת שמע אינו כפי הסדר שהן כתובות בתורה, והמשנה מסבירה מדוע חכמים תיקנו לומר אותן בסדר זה.

אָמַר רַבִּי יְהוֹשֻׁעַ בֶּן קָרְחָה: לָמָּה קָדְמָה פרשת **"שְׁמַע" לִ"וְהָיָה אִם שָׁמֹעַ"?**

אֶלָּא כְּדֵי שֶׁיְּקַבֵּל עָלָיו עֹל מַלְכוּת שָׁמַיִם תְּחִלָּה כשאומר בתחילה "שמע ישראל, ה' אלהינו, ה' אחד", שאמונה במציאות

ה' וייחודו היא יסודית יותר והיא קודמת לעשיית המצוות בפועל, **וְאַחַר כָּךְ יְקַבֵּל עָלָיו עֹל מִצְוֹת,** כפי שכתוב בפרשה: "והיה אם שמוע תשמעו אל מצוותי אשר אנכי מצווה אתכם היום".

ולמה קדמה פרשת **"וְהָיָה אִם שָׁמֹעַ" לְ"וַיֹּאמֶר"? שֶׁ"וְהָיָה אִם שָׁמֹעַ"** עוסקת בקבלת עול המצוות, דבר ש**נוֹהֵג בַּיּוֹם וּבַלַּיְלָה,** ואילו **"וַיֹּאמֶר"** עוסקת בפרשת ציצית, דבר ש**אֵינוֹ נוֹהֵג אֶלָּא בַּיּוֹם,** שנאמר בפרשת ציצית: "וראיתם אותו", ודרשו חכמים (בבלי מנחות מג, א) שדווקא ביום, שהוא זמן אור, יש מצוות ציצית.

ג **הַקּוֹרֵא אֶת שְׁמַע וְלֹא הִשְׁמִיעַ לְאָזְנוֹ – יָצָא.**
רַבִּי יוֹסֵי אוֹמֵר: לֹא יָצָא.

קָרָא וְלֹא דִקְדֵּק בְּאוֹתִיּוֹתֶיהָ –
רַבִּי יוֹסֵי אוֹמֵר: יָצָא.
רַבִּי יְהוּדָה אוֹמֵר: לֹא יָצָא.

הַקּוֹרֵא לְמַפְרֵעַ – לֹא יָצָא.
קָרָא וְטָעָה – יַחֲזֹר לְמָקוֹם שֶׁטָּעָה.

רבי עובדיה מברטנורה

רַבִּי יוֹסֵי אוֹמֵר: לֹא יָצָא. דִּכְתִיב (דברים ו, ד): "שְׁמַע" – הַשְׁמַע לְאָזְנְךָ מָה שֶׁאַתָּה מוֹצִיא מִפִּיךָ. וְתַנָּא קַמָּא סָבַר: "שְׁמַע" – בְּכָל לָשׁוֹן שֶׁאַתָּה שׁוֹמֵעַ. וְהִלְכְתָא כְּתַנָּא קַמָּא:

וְלֹא דִקְדֵּק בְּאוֹתִיּוֹתֶיהָ לְהוֹצִיאָן בִּשְׂפָתָיו יָפֶה, בִּשְׁתֵּי תֵבוֹת, שֶׁהַתֵּבָה הַשְּׁנִיָּה מַתְחֶלֶת בָּאוֹת שֶׁהַתֵּבָה הָרִאשׁוֹנָה נִגְמֶרֶת, כְּגוֹן: "עַל לְבָבֶךָ" (דברים ו, ו), "עֵשֶׂב **בְּ**שָׂדְךָ" (שם יא, טו), "וַאֲבַדְתֶּ**ם מְ**הֵרָה" (שם, יז), אִם אֵינוֹ נוֹתֵן רֶוַח בֵּינֵיהֶם לְהַפְרִידָם – נִמְצָא קוֹרֵא אוֹתָם שְׁתֵּי אוֹתִיּוֹת כְּאוֹת אַחַת:

רַבִּי יוֹסֵי אוֹמֵר: יָצָא. וַהֲלָכָה כְּרַבִּי יוֹסֵי. מִיהוּ לְכַתְּחִלָּה צָרִיךְ לְדַקְדֵּק בְּאוֹתִיּוֹתֶיהָ, וְכֵן יִזָּהֵר שֶׁלֹּא יָנִיחַ הַנָּד, וְלֹא יָנִיד הַנָּח, וְלֹא יְרַפֶּה הֶחָזָק, וְלֹא יְחַזֵּק הָרָפֶה. וְצָרִיךְ לְהַתִּיז זַיִ"ן שֶׁל "תִּזְכְּרוּ", שֶׁלֹּא יְהֵא נִרְאֶה כְּאוֹמֵר תִּשְׂכְּרוּ, בְּשִׂי"ן, כְּלוֹמַר כְּדֵי שֶׁתַּרְבּוּ שָׂכָר, שֶׁהֲרֵי אֵין רָאוּי לְשַׁמֵּשׁ אֶת הָרַב עַל מְנָת לְקַבֵּל פְּרָס (עיין אבות א, ג):

הַקּוֹרֵא לְמַפְרֵעַ. הִקְדִּים פָּסוּק שְׁלִישִׁי לְשֵׁנִי, וְשֵׁנִי לְרִאשׁוֹן, וְכַיּוֹצֵא בָּזֶה: **לֹא יָצָא.** דִּכְתִיב (דברים ו, ו): "וְהָיוּ הַדְּבָרִים" – בַּהֲוָיָתָן יְהוּ, כְּלוֹמַר כְּמוֹ שֶׁהֵן סְדוּרִין בַּתּוֹרָה. וּמִיהוּ אִם הִקְדִּים פָּרָשַׁת "וַיֹּאמֶר" לְפָרָשַׁת "וְהָיָה אִם שָׁמֹעַ", וּפָרָשַׁת "וְהָיָה אִם שָׁמֹעַ" לִ"שְׁמַע" – נִרְאֶה דְּאֵין זֶה חָשׁוּב לְמַפְרֵעַ, וְיָצָא, שֶׁהֲרֵי אֵינָן סְדוּרוֹת כֵּן זוֹ לְאַחַר זוֹ בַּתּוֹרָה:

יַחֲזֹר לְמָקוֹם שֶׁטָּעָה. אִם בֵּין פֶּרֶק לְפֶרֶק טָעָה, שֶׁאֵינוֹ יוֹדֵעַ בְּאֵיזֶה פֶּרֶק הִפְסִיק, וּלְרֹאשׁ אֵיזֶה פֶּרֶק יַחֲזֹר – חוֹזֵר לְהֶפְסֵק רִאשׁוֹן שֶׁהוּא "וְהָיָה אִם שָׁמֹעַ", וְהָרַמְבָּ"ם אוֹמֵר שֶׁהוּא "וְאָהַבְתָּ אֵת ה'". וְאִם בְּאֶמְצַע הַפֶּרֶק פָּסַק שֶׁיּוֹדֵעַ הַפֶּרֶק שֶׁפָּסַק בּוֹ, אֲבָל אֵינוֹ יוֹדֵעַ בְּאֵיזֶה מָקוֹם מֵאוֹתוֹ פֶּרֶק פָּסַק – חוֹזֵר לְרֹאשׁ אוֹתוֹ הַפֶּרֶק. הָיָה קוֹרֵא "וּכְתַבְתָּם" וְאֵינוֹ יוֹדֵעַ אִם הוּא בִּ"וּכְתַבְתָּם" שֶׁל "שְׁמַע" אוֹ בִּ"וּכְתַבְתָּם" שֶׁל "וְהָיָה אִם שָׁמֹעַ" – חוֹזֵר לִ"וּכְתַבְתָּם" שֶׁל "שְׁמַע", וְאִם נִסְתַּפֵּק לְאַחַר שֶׁהִתְחִיל "לְמַעַן יִרְבּוּ" – אֵינוֹ חוֹזֵר, שֶׁעַל הֶרְגֵּל לְשׁוֹנוֹ הוּא הוֹלֵךְ.

משנה זו דנה בכמה דינים של מצוות קריאת שמע.

הַקּוֹרֵא אֶת שְׁמַע בלחש **וְלֹא הִשְׁמִיעַ לְאָזְנוֹ** את המילים שאומר – **יָצָא** ידי חובת קריאת שמע. **רַבִּי יוֹסֵי אוֹמֵר: לֹא יָצָא**, ולדעתו חלק מהמצווה הוא שישמיע לאוזנו. בגמרא (טו, א) מבואר שהתנאים נחלקו בדרשות הפסוקים.

קָרָא וְלֹא דִקְדֵּק בְּאוֹתִיּוֹתֶיהָ – לא קרא לפי כללי הדקדוק והניקוד, וכן לא ביטא את כל האותיות כהוגן אלא הבליע אותן, **רַבִּי יוֹסֵי אוֹמֵר: יָצָא. רַבִּי יְהוּדָה אוֹמֵר: לֹא יָצָא.**

לכתחילה כולם מודים שצריך לקרוא את שמע בדקדוק אותיות ולהשמיע לאוזניים, ומחלוקת התנאים היא אם בדיעבד יצא ידי חובה.

הַקּוֹרֵא לְמַפְרֵעַ, שהפך את סדר הפסוקים – **לֹא יָצָא.**

קָרָא וְטָעָה, כגון שהשמיט מילה או שקרא פסוקים בסדר הפוך – **יַחֲזֹר לְמָקוֹם שֶׁטָּעָה** ויקרא שוב כסדר.

ד הָאֻמָּנִין קוֹרִין בְּרֹאשׁ הָאִילָן אוֹ בְּרֹאשׁ הַנִּדְבָּךְ, מַה שֶּׁאֵינָן רַשָּׁאִין לַעֲשׂוֹת כֵּן בַּתְּפִלָּה.

רבי עובדיה מברטנורה

נִדְבָּךְ. שׁוּרָה שֶׁל בִּנְיַן אֲבָנִים, כְּמוֹ "נִדְבָּכִין דִּי אֶבֶן גְּלָל" בְּעֶזְרָא (ו, ד), וְאַף עַל גַּב דְּמִסְתַּפֵּי דִּלְמָא נָפְלֵי וְלָא מָצוּ מְכַוְּנֵי – לֹא הִצְרִיכוּם חֲכָמִים לֵרֶדֶת, דִּקְרִיאַת שְׁמַע לָא בָּעֵי כַּוָּנָה אֶלָּא פָּסוּק רִאשׁוֹן בִּלְבַד: **מַה שֶּׁאֵינָן רַשָּׁאִין לַעֲשׂוֹת כֵּן בַּתְּפִלָּה.** דִּצְלוֹתָא רַחֲמֵי הִיא וּבָעֵי כַּוָּנָה, הִלְכָּךְ יוֹרְדִין לְמַטָּה וּמִתְפַּלְּלִין.

משנה זו עוסקת בפועלים שבזמן עבודתם הגיע זמן קריאת שמע ותפילה.

הָאֻמָּנִין, פועלים בעלי מלאכה, שבזמן עבודתם הגיע זמן קריאת שמע, **קוֹרִין** את שמע **בְּרֹאשׁ הָאִילָן** ששם הם נמצאים, כגון שעוסקים בקטיף או גיזום, **אוֹ בְּרֹאשׁ הַנִּדְבָּךְ,** שורה של אבנים בבניין שהם עוסקים בבנייתו, ואינם חייבים לרדת כדי לקרוא.

מַה שֶּׁאֵינָן רַשָּׁאִין לַעֲשׂוֹת כֵּן בַּתְּפִלָּה – תפילת עמידה צריכה כוונה גדולה יותר ולכן הם חייבים לרדת למטה כדי להתפלל. אך בקריאת שמע עיקר הכוונה בפסוק הראשון בלבד, והם יכולים לכוון זמן קצר גם כשהם עומדים על העץ או על הנדבך.

ה חָתָן פָּטוּר מִקְּרִיאַת שְׁמַע בַּלַּיְלָה הָרִאשׁוֹן,
עַד מוֹצָאֵי שַׁבָּת, אִם לֹא עָשָׂה מַעֲשֶׂה.

מַעֲשֶׂה בְּרַבָּן גַּמְלִיאֵל שֶׁקָּרָא בַּלַּיְלָה הָרִאשׁוֹן שֶׁנָּשָׂא.
אָמְרוּ לוֹ תַּלְמִידָיו:
"לֹא לִמַּדְתָּנוּ, רַבֵּנוּ,
שֶׁחָתָן פָּטוּר מִקְּרִיאַת שְׁמַע בַּלַּיְלָה הָרִאשׁוֹן?"
אָמַר לָהֶם:
"אֵינִי שׁוֹמֵעַ לָכֶם לְבַטֵּל מִמֶּנִּי מַלְכוּת שָׁמַיִם,
אֲפִלּוּ שָׁעָה אַחַת".

רבי עובדיה מברטנורה

חָתָן שֶׁנָּשָׂא בְּתוּלָה – **פָּטוּר מִקְּרִיאַת שְׁמַע לַיְלָה רִאשׁוֹנָה,** מִשּׁוּם דִּטְרִיד שֶׁמָּא לֹא יִמְצָאֶנָּה בְּתוּלָה. וַאֲנִי שָׁמַעְתִּי: שֶׁמִּתְיָרֵא שֶׁמָּא יַעֲשֶׂה כְּרוּת שָׁפְכָה בִּבְעִילָתוֹ. וְטִרְדָּא דְּמִצְוָה הִיא, וְרַחֲמָנָא אָמַר "וּבְלֶכְתְּךָ בַדֶּרֶךְ" – בְּלֶכֶת דִּידָךְ הוּא דִּמְחַיְּבַתְּ, הָא דְּמִצְוָה – פְּטִירַתְּ: **אִם לֹא עָשָׂה מַעֲשֶׂה.** אִם לֹא בָּעַל **עַד מוֹצָאֵי שַׁבָּת**, שֶׁהֵם אַרְבָּעָה לֵילוֹת – טָרִיד. וּמִשָּׁם וְאֵילָךְ – לִבּוֹ גַּס בָּהּ וְתוּ לָא טָרִיד, וְאַף עַל פִּי שֶׁלֹּא עָשָׂה מַעֲשֶׂה – חַיָּב בִּקְרִיאַת שְׁמַע.

משנה זו דנה בחתן וקובעת שהוא פטור מקריאת שמע בליל חתונתו, ומביאה מעשה על כך.

הפטור של החתן נובע מהכלל שהעוסק במצווה פטור מן המצווה - החתן טרוד במחשבתו במעשה ביאת המצווה של פרייה ורבייה (רמב"ם), ואינו יכול לכוון כראוי בקריאת שמע.

חָתָן פָּטוּר מִקְּרִיאַת שְׁמַע בַּלַּיְלָה הָרִאשׁוֹן של חתונתו, **עַד מוֹצָאֵי שַׁבָּת, אִם לֹא עָשָׂה מַעֲשֶׂה** של ביאת מצווה. בתקופת המשנה, היו נוהגים שחתן נושא כלה בתולה ביום רביעי (משנה כתובות א, א), ועד מוצאי שבת יש ארבעה לילות. אם לא קיימו ביאת מצווה במשך זמן זה, זהו סימן שהחתן אינו טרוד במצווה, וחייב בקריאת שמע.

מַעֲשֶׂה בְּרַבָּן גַּמְלִיאֵל שֶׁקָּרָא בַּלַּיְלָה הָרִאשׁוֹן שֶׁנָּשָׂא, למרות שהוא פטור.

אָמְרוּ לוֹ תַּלְמִידָיו: "לֹא לִמַּדְתָּנוּ, רַבֵּנוּ, שֶׁחָתָן פָּטוּר מִקְּרִיאַת שְׁמַע בַּלַּיְלָה הָרִאשׁוֹן?" אָמַר לָהֶם: אכן אני פטור, ולמרות זאת **"אֵינִי שׁוֹמֵעַ לָכֶם לְבַטֵּל מִמֶּנִּי מַלְכוּת שָׁמַיִם, אֲפִלּוּ שָׁעָה אַחַת"** – איני רוצה להיפטר מקבלת עול מלכות שמים, ולכן התגברתי על מחשבותיי וקראתי קריאת שמע בכוונה.

ו **רָחַץ בַּלַּיְלָה הָרִאשׁוֹן שֶׁמֵּתָה אִשְׁתּוֹ.**
אָמְרוּ לוֹ תַּלְמִידָיו:
"לֹא לִמַּדְתָּנוּ, רַבֵּנוּ, שֶׁאָבֵל אָסוּר לִרְחוֹץ?"
אָמַר לָהֶם:
"אֵינִי כִּשְׁאָר כָּל אָדָם, אִסְטְנִיס אָנִי".

רבי עובדיה מברטנורה

רָחַץ לַיְלָה הָרִאשׁוֹן שֶׁמֵּתָה אִשְׁתּוֹ. וְאַף עַל פִּי שֶׁאָבֵל אָסוּר בִּרְחִיצָה: **"אִסְטְנִיס אָנִי".** קַר וּמְצֻנָּן, לְשׁוֹן צִנָּה. וְאִיכָּא צַעֲרָא אִם לֹא הָיָה רוֹחֵץ, וְאֵין אָסוּר בִּימֵי אֶבְלוֹ אֶלָּא רְחִיצָה שֶׁל תַּעֲנוּג.

משנה זו מביאה מעשה על רבן גמליאל שהיה אבל כשמתה אשתו.

רבן גמליאל **רָחַץ** במים חמים **בַּלַּיְלָה הָרִאשׁוֹן**, למרות שהיה אבֵל, **שֶׁמֵּתָה אִשְׁתּוֹ. אָמְרוּ לוֹ תַּלְמִידָיו: "לֹא לִמַּדְתָּנוּ, רַבֵּנוּ, שֶׁאָבֵל אָסוּר לִרְחוֹץ?"** שאחד מהדינים של אבל הוא שאסור ברחיצה כל שבעת ימי האבלות. **אָמַר לָהֶם: "אֵינִי כִּשְׁאָר כָּל אָדָם, אִסְטְנִיס אָנִי"** – אני רגיש לקור ורחצתי במים חמים, וחכמים לא גזרו איסור רחיצה אלא לתענוג, ולא על אדם שמצטער כמוני.

ז **וּכְשֶׁמֵּת טָבִי עַבְדּוֹ קִבֵּל עָלָיו תַּנְחוּמִין.**
אָמְרוּ לוֹ תַּלְמִידָיו:
"לֹא לִמַּדְתָּנוּ, רַבֵּנוּ,
שֶׁאֵין מְקַבְּלִין תַּנְחוּמִין עַל הָעֲבָדִים?"
אָמַר לָהֶם:
"אֵין טָבִי עַבְדִּי כִּשְׁאָר כָּל הָעֲבָדִים, כָּשֵׁר הָיָה".

משנה זו ממשיכה את המשנה הקודמת, ומספרת מעשה על רבן גמליאל שקיבל תנחומים כשמת עבדו.

וּכְשֶׁמֵּת טָבִי, עַבְדּוֹ של רבן גמליאל, **קִבֵּל עָלָיו תַּנְחוּמִין,** כאילו היה אבל עליו. **אָמְרוּ לוֹ תַּלְמִידָיו** של רבן גמליאל: **"לֹא לִמַּדְתָּנוּ, רַבֵּנוּ, שֶׁאֵין מְקַבְּלִין תַּנְחוּמִין עַל הָעֲבָדִים"?** שכן בדרך כלל האדון אינו מתייחס אל העבד כבן בית אלא כאל רכוש (ירושלמי ב, ח).

אָמַר לָהֶם: "אֵין טָבִי עַבְדִּי כִּשְׁאָר כָּל הָעֲבָדִים, כָּשֵׁר הָיָה", וכשאני לימדתי שאין ניחומים על עבד, כוונתי הייתה לשאר עבדים, אך טבי הוא עבד נאמן שחביב עלי כבן (רשב"א טז, ב).

ח חָתָן,
אִם רָצָה לִקְרוֹת קְרִיאַת שְׁמַע לַיְלָה הָרִאשׁוֹן - קוֹרֵא.
רַבָּן שִׁמְעוֹן בֶּן גַּמְלִיאֵל אוֹמֵר:
לֹא כָל הָרוֹצֶה לִטּוֹל אֶת הַשֵּׁם יִטֹּל.

רבי עובדיה מברטנורה

לֹא כָל הָרוֹצֶה לִטּוֹל אֶת הַשֵּׁם יִטֹּל. אִם לֹא הֻחְזַק חָכָם וּפָרוּשׁ בִּשְׁאָר דְּבָרִים - אֵין זֶה אֶלָּא גַּאֲוָה שֶׁמַּרְאֶה בְּעַצְמוֹ שֶׁיָּכוֹל לְכַוֵּן לִבּוֹ. וְאֵין הֲלָכָה כְּרַבָּן שִׁמְעוֹן בֶּן גַּמְלִיאֵל. וְחָזֵינַן לִקְצָת מֵרַבּוֹתֵינוּ דְּאָמְרִי דְּהָאִידָּנָא כָּל אָדָם יִקְרָא קְרִיאַת שְׁמַע בַּלַּיְלָה הָרִאשׁוֹן, שֶׁכֵּיוָן שֶׁבַּדּוֹרוֹת הַלָּלוּ אֵין מְכַוְּנִים כָּל כָּךְ בִּשְׁאָר יָמִים, אִם לֹא יִקְרָא בַּלַּיְלָה רִאשׁוֹן - מֶחֱזֵי יוֹתֵר כְּיוּהֲרָא, שֶׁמַּרְאֶה עַצְמוֹ שֶׁהוּא מְכַוֵּן בְּכָל שָׁעָה, אֶלָּא הַשְׁתָּא מִשּׁוּם דְּטָרִיד בְּמִצְוָה.

משנה זו חוזרת לדון בפטור של חתן מקריאת שמע.

חָתָן, אִם רָצָה לִקְרוֹת קְרִיאַת שְׁמַע לַיְלָה הָרִאשׁוֹן של חתונתו **קוֹרֵא,** למרות שהוא פטור מקריאת שמע (כמבואר לעיל משנה ה).

רַבָּן שִׁמְעוֹן בֶּן גַּמְלִיאֵל אוֹמֵר: לֹא כָל הָרוֹצֶה לִטּוֹל אֶת הַשֵּׁם, תואר של מדקדק במצוות, **יִטֹּל,** ואסור לו לקרוא קריאת שמע, כי יש בזה גאווה, שמראה כלפי חוץ שהוא מדקדק במצוות.

פרק שלישי

פרק זה עוסק בחייבים ופטורים בקריאת שמע ובתפילה, כגון האונן והמסייעים לקבורה, נשים, עבדים, קטנים ואנשים טמאים.

א

מִי שֶׁמֵּתוֹ מֻטָּל לְפָנָיו –
פָּטוּר מִקְּרִיאַת שְׁמַע, וּמִן הַתְּפִלָּה, וּמִן הַתְּפִלִּין.
נוֹשְׂאֵי הַמִּטָּה וְחִלּוּפֵיהֶן וְחִלּוּפֵי חִלּוּפֵיהֶן,
אֶת שֶׁלִּפְנֵי הַמִּטָּה, וְאֶת שֶׁלְּאַחַר הַמִּטָּה:
אֶת שֶׁלַּמִּטָּה צֹרֶךְ בָּהֶן – פְּטוּרִין,
וְאֶת שֶׁאֵין לַמִּטָּה צֹרֶךְ בָּהֶן – חַיָּבִין.
אֵלּוּ וָאֵלּוּ פְּטוּרִין מִן הַתְּפִלָּה.

רבי עובדיה מברטנורה

מִי שֶׁמֵּתוֹ מֻטָּל לְפָנָיו. אֶחָד מִן הַקְּרוֹבִים שֶׁחַיָּב לְהִתְאַבֵּל עֲלֵיהֶם **מֻטָּל** עָלָיו לְקָבְרוֹ: **פָּטוּר מִקְּרִיאַת שְׁמַע.** מִשּׁוּם דִּטְרִיד טִרְדָּא דְּמִצְוָה:

וְחִלּוּפֵיהֶן. שֶׁכֵּן דֶּרֶךְ שֶׁמִּתְחַלְּפִין, לְפִי שֶׁהַכֹּל רוֹצִים לִזְכּוֹת בַּמִּצְוָה: **אֶת שֶׁלִּפְנֵי הַמִּטָּה.** הַמְזֻמָּנִים לְנָשְׂאָהּ כְּשֶׁתַּגִּיעַ הַמִּטָּה אֶצְלָם: **וְאֶת שֶׁלְּאַחַר הַמִּטָּה.** כְּלוֹמַר: בֵּין אוֹתָם **שֶׁלִּפְנֵי הַמִּטָּה** וּבֵין אוֹתָם **שֶׁלְּאַחַר הַמִּטָּה,** אִם הַמִּטָּה **צְרִיכָה לָהֶם** לְשֵׂאתָהּ – **פְּטוּרִים: וְאוֹתָן שֶׁאֵין הַמִּטָּה צְרִיכָה לָהֶן.** כְּגוֹן הַהוֹלְכִים לְלַוּוֹת אֶת הַמֵּת לִכְבוֹדוֹ בִּלְבַד, **חַיָּבִין: אֵלּוּ וְאֵלּוּ פְּטוּרִים מִן הַתְּפִלָּה.** דְּלָאו דְּאוֹרָיְתָא הִיא כְּמוֹ קְרִיאַת שְׁמַע. וְאִיכָּא דְּאָמְרִי: מִפְּנֵי שֶׁהִיא צְרִיכָה כַּוָּנָה יְתֵרָה.

משנה זו דנה בחובת קריאת שמע של המתעסקים עם המת.

מִי שֶׁמֵּתוֹ מֻטָּל לְפָנָיו – שמת לו מת ועדיין לא נקבר, אדם זה נקרא 'אונֵן' ופטור מכל המצוות, ובכללן **פָּטוּר מִקְּרִיאַת שְׁמַע, וּמִן הַתְּפִלָּה, וּמִן הַתְּפִלִּין.** המשנה נקטה דווקא מצוות אלו מפני חשיבותן, שיש בהן קבלת עול מלכות שמים (תוספות יום טוב).

נוֹשְׂאֵי הַמִּטָּה שסוחבים את המת לקבורה **וְחִלּוּפֵיהֶן** העומדים להחליף אותם בעת הצורך, כגון כשיתעייפו, **וְחִלּוּפֵי חִלּוּפֵיהֶן,** המחליפים של

המחליפים, **אֶת שֶׁלִּפְנֵי הַמִּטָּה, וְאֶת שֶׁלְּאַחַר הַמִּטָּה** - בין אלו שהולכים לפני המיטה ובין אלו שהולכים מאחוריה, דינם אחד: **אֶת שֶׁלַּמִּטָּה צֹרֶךְ בָּהֶן** שהם נצרכים כדי לסחוב את מיטת המת - **פְּטוּרִין** מקריאת שמע, **וְאֶת שֶׁאֵין לַמִּטָּה צֹרֶךְ בָּהֶן**, כגון שהם רק מלווים את המת לכבודו אך אינם סוחבים את המיטה - **חַיָּבִין**.

אֵלּוּ וָאֵלּוּ פְּטוּרִין מִן הַתְּפִלָּה - תפילת עמידה. הם חייבים בקריאת שמע שצריך לכוון בה בעיקר בפסוק הראשון, והם יכולים להתפנות לכך ולהמשיך בהליכתם, ופטורים מן התפילה שצריכה עמידה בכוונה (ברטנורה ורבנו יונה י, ב).

ב **קָבְרוּ אֶת הַמֵּת וְחָזְרוּ:**
אִם יְכוֹלִין לְהַתְחִיל וְלִגְמוֹר עַד שֶׁלֹּא יַגִּיעוּ לַשּׁוּרָה - יַתְחִילוּ.
וְאִם לָאו - לֹא יַתְחִילוּ.

הָעוֹמְדִים בַּשּׁוּרָה - הַפְּנִימִים פְּטוּרִין, וְהַחִיצוֹנִים חַיָּבִין.

רבי עובדיה מברטנורה

לְהַתְחִיל וְלִגְמוֹר פָּרָשָׁה אַחַת שֶׁל קְרִיאַת שְׁמַע: **לַשּׁוּרָה.** שֶׁהָיוּ עוֹשִׂים שׁוּרוֹת סָבִיב הָאָבֵל לְנַחֲמוֹ בְּשׁוּבָם מִן הַקֶּבֶר: **וְאִם לָאו.** שֶׁהָיָה הַדֶּרֶךְ קָרוֹב מִן הַקֶּבֶר עַד הַמָּקוֹם שֶׁבּוֹ עוֹשִׂים הַשּׁוּרָה, וְאֵין פְּנַאי לְהַתְחִיל וְלִגְמֹר עַד שֶׁלֹּא יַגִּיעוּ לַשּׁוּרָה: **הַפְּנִימִים.** הָרוֹאִים פְּנֵי הָאֲבֵלִים: **וְהַחִיצוֹנִים.** שֶׁאֵינָם רוֹאִים פְּנֵי הָאֲבֵלִים.

משנה זו ממשיכה לדון בדיני המתעסקים עם המת. לאחר הקבורה, המלווים את המת עומדים בשורה ומנחמים את הקרובים האבלים. בעת שעוסקים במצוות ניחום אבלים, שהיא גמילות חסדים, פטורים מקריאת שמע, שכן העוסק במצווה פטור מן המצווה.

קָבְרוּ אֶת הַמֵּת וְחָזְרוּ בזמן קריאת שמע: **אִם יְכוֹלִין לְהַתְחִיל וְלִגְמוֹר** את קריאת שמע **עַד שֶׁלֹּא יַגִּיעוּ לַשּׁוּרָה** של ניחום האבלים - **יַתְחִילוּ** לקרוא את שמע. **וְאִם לָאו,** שהדרך קצרה ולא יספיקו לסיים את שמע עד שיגיעו לניחום, **לֹא יַתְחִילוּ,** ולא חייבו אותם להתחיל ולהפסיק באמצע.

הָעוֹמְדִים בַּשּׁוּרָה של ניחום האבלים - **הַפְּנִימִים** העומדים בצד הפנימי, הקרוב לאבלים, **פְּטוּרִין** מקריאת שמע, שהם עוסקים בניחום, **וְהַחִיצוֹנִים** שאינם רואים את האבלים, אינם עוסקים בניחום ולכן **חַיָּבִין.**

ג נָשִׁים, וַעֲבָדִים, וּקְטַנִּים – פְּטוּרִין מִקְּרִיאַת שְׁמַע וּמִן הַתְּפִלִּין, וְחַיָּבִין בִּתְפִלָּה וּבִמְזוּזָה וּבְבִרְכַּת הַמָּזוֹן.

רבי עובדיה מברטנורה

נָשִׁים וַעֲבָדִים פְּטוּרִים מִקְּרִיאַת שְׁמַע. אַף עַל פִּי שֶׁהִיא מִצְוַת עֲשֵׂה שֶׁהַזְּמַן גְּרָמָא וְכָל מִצְוַת עֲשֵׂה שֶׁהַזְּמַן גְּרָמָא נָשִׁים פְּטוּרוֹת, סָלְקָא דַּעְתָּךְ אָמִינָא לְחַיְּבַן הוֹאִיל וְאִית בָּהּ מַלְכוּת שָׁמַיִם, קָא מַשְׁמַע לָן. וּתְפִלִּין – מִצְוַת עֲשֵׂה שֶׁהַזְּמַן גְּרָמָא הֵם, דְּלַיְלָה וְשַׁבָּת לָאו זְמַן תְּפִלִּין נִינְהוּ, וְסָלְקָא דַּעְתָּךְ אָמִינָא הוֹאִיל וְאִתְקוּשׁ תְּפִלִּין לִמְזוּזָה נָשִׁים נְחַיְּבוּ, קָא מַשְׁמַע לָן: **קְטַנִּים.** אֲפִלּוּ קָטָן שֶׁהִגִּיעַ לְחִנּוּךְ – לֹא הִטִּילוּ עַל אָבִיו לְחַנְּכוֹ **בִּקְרִיאַת שְׁמַע**, לְפִי שֶׁאֵינוֹ מָצוּי תָּמִיד אֶצְלוֹ בְּעוֹנַת קְרִיאַת שְׁמַע. וְלֹא **בִּתְפִלִּין**, מִשּׁוּם דִּסְתָם קָטָן אֵינוֹ יוֹדֵעַ לִשְׁמֹר תְּפִלָּיו שֶׁלֹּא יָפִיחַ בָּהֶן:

וְחַיָּבִין בִּתְפִלָּה. דִּתְפִלָּה רַחֲמֵי הִיא, וּמִדְּרַבָּנָן הִיא, וְתִקְּנוּהָ אַף לַנָּשִׁים וּלְחַנֵּךְ בָּהּ הַקְּטַנִּים: **וּבִמְזוּזָה.** דְּמַהוּ דְּתֵימָא הוֹאִיל וְאִתְקַשׁ לְתַלְמוּד תּוֹרָה, כִּי הֵיכִי דְּנָשִׁים פְּטוּרוֹת מִתַּלְמוּד תּוֹרָה דִּכְתִיב (דברים יא,יט) "וְלִמַּדְתֶּם אֹתָם אֶת בְּנֵיכֶם" וְלֹא בְּנוֹתֵיכֶם – הָכִי נָמֵי נִפְטַר מִמְּזוּזָה, אַף עַל פִּי שֶׁהִיא מִצְוַת עֲשֵׂה שֶׁלֹּא הַזְּמַן גְּרָמָא, קָא מַשְׁמַע לָן:

וּבְבִרְכַּת הַמָּזוֹן. מִבַּעְיָא לָן אִי חַיָּבוֹת בְּבִרְכַּת הַמָּזוֹן מִדְּאוֹרָיְתָא, כֵּיוָן דִּכְתִיב (שם ח,י) "וְאָכַלְתָּ וְשָׂבָעְתָּ וּבֵרַכְתָּ" הָוְיָא לֵיהּ מִצְוַת עֲשֵׂה שֶׁלֹּא הַזְּמַן גְּרָמָא, אוֹ שֶׁמָּא אֵין חַיָּבוֹת מִדְּאוֹרָיְתָא מִשּׁוּם דִּכְתִיב (שם) "עַל הָאָרֶץ הַטֹּבָה אֲשֶׁר נָתַן לָךְ", וְהָאָרֶץ לֹא נִתְּנָה לַנְּקֵבוֹת, וְלָא אִפְשִׁיטָא.

משנה זו דנה בחובת נשים, עבדים וקטנים בכמה מצוות.

נָשִׁים, וַעֲבָדִים כנענים, שהם גויים שנמכרו להיות עבדים של ישראל, **וּקְטַנִּים פְּטוּרִין מִקְּרִיאַת שְׁמַע וּמִן הַתְּפִלִּין** – נשים ועבדים כנענים פטורים ממצוות התלויות בזמן, כגון אלו, והקטנים פטורים מחינוך לקריאת שמע, כי פעמים רבות הם ישנים או אינם מצויים לפני אביהם בזמן קיום המצווה (רש"י כ, א), וכן אינם יכולים להניח תפילין בגוף נקי כפי הדין.

יש אומרים שקטנים שהגיעו לגיל חינוך חייבים בקריאת שמע ותפילין, והמשנה פטרה רק קטנים שעדיין לא הגיעו לגיל חינוך (תוספות כ, א). גיל החינוך משתנה ממצווה למצווה ומילד לילד, והוא כשהילד מגיע לבשלות גופנית ושכלית המתאימה לקיום המצווה.

וְחַיָּבִין, נשים, עבדים וקטנים, **בַּתְּפִלָּה** שהיא בקשת רחמים לפני ה' ושייכת לכולם, **וּבַמְּזוּזָה** על פתחי הבתים והשערים **וּבְבִרְכַּת הַמָּזוֹן**.

ד בַּעַל קֶרִי מְהַרְהֵר בְּלִבּוֹ,
וְאֵינוֹ מְבָרֵךְ, לֹא לְפָנֶיהָ וְלֹא לְאַחֲרֶיהָ,
וְעַל הַמָּזוֹן –
מְבָרֵךְ לְאַחֲרָיו, וְאֵינוֹ מְבָרֵךְ לְפָנָיו.
רַבִּי יְהוּדָה אוֹמֵר:
מְבָרֵךְ לִפְנֵיהֶם וּלְאַחֲרֵיהֶם.

רבי עובדיה מברטנורה

בַּעַל קֶרִי. עֶזְרָא תִּקֵּן שֶׁלֹּא יִקְרָא בַּעַל קֶרִי בַּתּוֹרָה, בֵּין שֶׁרָאָה קֶרִי לְאוֹנְסוֹ בֵּין לִרְצוֹנוֹ, עַד שֶׁיִּטְבֹּל. וְלֹא מִפְּנֵי טֻמְאָה וְטָהֳרָה, שֶׁאֵין דִּבְרֵי תוֹרָה מְקַבְּלִין טֻמְאָה, אֶלָּא כְּדֵי שֶׁלֹּא יִהְיוּ תַּלְמִידֵי חֲכָמִים מְצוּיִין אֵצֶל נְשׁוֹתֵיהֶן כְּתַרְנְגוֹלִים: **מְהַרְהֵר** קְרִיאַת שְׁמַע בְּלִבּוֹ כְּשֶׁהִגִּיעַ זְמַן הַמִּקְרָא: **וְאֵינוֹ מְבָרֵךְ לְפָנֶיהָ וּלְאַחֲרֶיהָ** וַאֲפִלּוּ בְּהִרְהוּר, כֵּיוָן דִּבְרָכוֹת לָאו דְּאוֹרָיְתָא – לֹא אַצְרְכוּהוּ רַבָּנָן: **וְעַל הַמָּזוֹן – מְבָרֵךְ לְאַחֲרָיו.** דְּחִיּוּבָא דְּאוֹרָיְתָא הוּא: **וְאֵינוֹ מְבָרֵךְ לְפָנָיו.** דְּלָאו חִיּוּבָא דְּאוֹרָיְתָא הוּא. וּכְבָר נִפְסְקָה הַהֲלָכָה דִּבְטֵלוּהָ לִטְבִילוּתָא, וּבַעֲלֵי קְרָיִין קוֹרִין קְרִיאַת שְׁמַע כְּדַרְכָּן וְעוֹסְקִין בַּתּוֹרָה וּמִתְפַּלְּלִין וּמְבָרְכִין כָּל הַבְּרָכוֹת, וְאֵין מְעַרְעֵר בַּדָּבָר.

משנה זו דנה באדם הטמא טומאת קרי. עזרא הסופר תיקן שטמא טומאת קרי אסור בדברי תורה עד שיטבול, והמשנה דנה במה מותר ובמה אסור. אף על פי שתקנת עזרא בטלה כיוון שהיה קשה מאוד לעמוד בה (רמב"ם הלכות קריאת שמע ד, ח), חסידים ואנשי מעשה נהגו לטבול בכל יום כדי להיטהר מטומאת קרי ולתוספת קדושה.

בַּעַל קֶרִי, שיצאה מאיברו שכבת זרע, **מְהַרְהֵר בְּלִבּוֹ**, במחשבה בלבד מבלי להוציא מילים בשפתיו, **וְאֵינוֹ מְבָרֵךְ** את הברכות הסמוכות לקריאת שמע, **לֹא לְפָנֶיהָ וְלֹא לְאַחֲרֶיהָ**, מפני תקנת עזרא, שרצה להרבות טהרה בישראל. אולם, את קריאת שמע עצמה אומר בפיו, כיוון שהיא מן התורה.

וְעַל הַמָּזוֹן מְבָרֵךְ לְאַחֲרָיו, וְאֵינוֹ מְבָרֵךְ לְפָנָיו – ברכת המזון לאחר אכילת לחם היא מן התורה, שנאמר: "ואכלת ושבעת וברכת את ה' אלהיך", ולכן בעל קרי מברך אותה בפיו, אך ברכות שלפני האכילה הן מדברי חכמים ואינו מברך בפיו אלא מהרהר בלבד (ראה להלן ו, א).

רַבִּי יְהוּדָה אוֹמֵר: מְבָרֵךְ לִפְנֵיהֶם וּלְאַחֲרֵיהֶם – לדעת רבי יהודה, תקנת עזרא לא חלה על אמירת ברכות או פסוקים, אלא רק על לימוד שיכול לעיין ולהתעמק בו (רבנו יונה יב, ב). כך פירשו בירושלמי, אולם בבבלי ביארו משנה זו באופן אחר (ראה ברטנורה).

ה **הָיָה עוֹמֵד בַּתְּפִלָּה, וְנִזְכַּר שֶׁהוּא בַּעַל קֶרִי – לֹא יַפְסִיק, אֶלָּא יְקַצֵּר.**

יָרַד לִטְבּוֹל,
אִם יָכוֹל לַעֲלוֹת וּלְהִתְכַּסּוֹת וְלִקְרוֹת,
עַד שֶׁלֹּא תָּנֵץ הַחַמָּה –
יַעֲלֶה וְיִתְכַּסֶּה וְיִקְרָא,
וְאִם לָאו –
יִתְכַּסֶּה בַּמַּיִם וְיִקְרָא.
אֲבָל לֹא יִתְכַּסֶּה,
לֹא בְּמַיִם הָרָעִים וְלֹא בְּמֵי הַמִּשְׁרָה,
עַד שֶׁיַּטִּיל לְתוֹכָן מַיִם.
וְכַמָּה יַרְחִיק מֵהֶם וּמִן הַצּוֹאָה?
אַרְבַּע אַמּוֹת.

רבי עובדיה מברטנורה

לֹא יַפְסִיק תְּפִלָּתוֹ לְגַמְרֵי, **אֶלָּא יְקַצֵּר** כָּל בְּרָכָה וּבְרָכָה: **וְלִקְרוֹת עַד שֶׁלֹּא תָּנֵץ הַחַמָּה.** שֶׁהַוָּתִיקִין מְדַקְדְּקִים עַל עַצְמָן לִגְמֹר אוֹתָהּ עִם הָנֵץ הַחַמָּה, דִּכְתִיב (תהלים עב, ה): "יִירָאוּךָ עִם שָׁמֶשׁ": **יִתְכַּסֶּה בַּמַּיִם.** וְדַוְקָא מַיִם עֲכוּרִים שֶׁאֵין לִבּוֹ רוֹאֶה אֶת הָעֶרְוָה, אֲבָל צְלוּלִים – לֹא: **בְּמַיִם הָרָעִים.** מַיִם סְרוּחִים: **בְּמֵי הַמִּשְׁרָה.** מַיִם שֶׁשּׁוֹרִין בָּהֶם פִּשְׁתָּן: **עַד שֶׁיַּטִּיל לְתוֹכָן מַיִם.** חַסּוּרֵי מִחַסְּרָא וְהָכִי קָתָנֵי, וְלֹא יִקְרָא אֵצֶל מֵי רַגְלַיִם **עַד שֶׁיִּתֵּן לְתוֹכָן מַיִם**, וְשִׁעוּר הַמַּיִם שֶׁיַּטִּיל לְמֵי רַגְלַיִם שֶׁל פַּעַם אַחַת – רְבִיעִית: **וְכַמָּה יַרְחִיק מֵהֶם.** מִן הַמֵּי רַגְלַיִם שֶׁלֹּא הֵטִיל לְתוֹכָן מַיִם, **וּמִן הַצּוֹאָה: אַרְבַּע אַמּוֹת.** וְדַוְקָא כְּשֶׁהִיא לַצְּדָדִים אוֹ לַאֲחוֹרָיו, אֲבָל לְפָנָיו – מַרְחִיק כִּמְלֹא עֵינָיו.

משנה זו ממשיכה לדון בבעל קרי, וכן בהרחקה מצואה ודברים מסריחים בעת שקורא קריאת שמע.

הָיָה עוֹמֵד בַּתְּפִלָּה – תפילת עמידה, **וְנִזְכַּר שֶׁהוּא בַּעַל קֶרִי** שמתקנת עזרא אסור לו להתפלל עד שיטבול – **לֹא יַפְסִיק** באמצע תפילתו, **אֶלָּא** ימשיך,

אך **יְקַצֵּר** את נוסח הברכות, שיאמר רק פתיחה וסיום, כגון "השיבנו אבינו לתורתך, ברוך אתה ה', הרוצה בתשובה".

יָרַד לִטְבּוֹל במקווה כדי להיטהר, **אִם יָכוֹל** להספיק **לַעֲלוֹת** מן המים **וּלְהִתְכַּסּוֹת** בבגד או מגבת **וְלִקְרוֹת** את שמע, **עַד שֶׁלֹּא תָּנֵץ הַחַמָּה – יַעֲלֶה וְיִתְכַּסֶּה וְיִקְרָא.** תנא זה סובר שמצווה מן המובחר לקרוא את שמע לפני הנץ החמה ולסמוך לה מיד את התפילה.

וְאִם לָאו שלא יספיק לעלות לפני הנץ החמה - **יִתְכַּסֶּה בַּמַּיִם,** כך שהמים יכסו את איבריו המוצנעים **וְיִקְרָא,** שכן אסור לעסוק בדברי תורה או תפילה כשהוא ערום.

אֲבָל לֹא יִתְכַּסֶּה, לֹא בְּמַיִם הָרָעִים, מים מטונפים, **וְלֹא בְּמֵי הַמִּשְׁרָה,** מים ששרו בהם פשתן והם מסריחים, **עַד שֶׁיַּטִּיל לְתוֹכָן מַיִם** נקיים שיבטלו את הטינופת והלכלוך. נוסף לכך, אם המים צלולים, אי אפשר לקרוא בהם כיוון שאינם מכסים את גופו.

וְכַמָּה יַרְחִיק מֵהֶם ממים רעים ומסריחים אלו **וּמִן הַצּוֹאָה? אַרְבַּע אַמּוֹת –** אסור לעסוק בדברי תורה או תפילה בקִרבה לדברים מסריחים או צואה, אלא אם כן מכסה אותם ומתרחק מהם מרחק של כשני מטרים.

ו **זָב שֶׁרָאָה קֶרִי, וְנִדָּה שֶׁפָּלְטָה שִׁכְבַת זֶרַע,**
וְהַמְשַׁמֶּשֶׁת שֶׁרָאֲתָה נִדָּה -
צְרִיכִין טְבִילָה,
וְרַבִּי יְהוּדָה פּוֹטֵר.

רבי עובדיה מברטנורה

זָב שֶׁרָאָה קֶרִי. אַף עַל פִּי שֶׁטָּמֵא טֻמְאַת שִׁבְעָה מִשּׁוּם זִיבָה וְאֵין טְבִילָה זוֹ מְטַהַרְתּוֹ - אֲפִלּוּ הָכִי צָרִיךְ טְבִילָה לְדִבְרֵי תּוֹרָה כְּתַקָּנַת עֶזְרָא מִשּׁוּם קֶרִי. וְכֵן **נִדָּה** אִם בָּאָה לְהִתְפַּלֵּל וּפוֹלֶטֶת **שִׁכְבַת זֶרַע** - הֲרֵי הִיא כְּבַעַל קֶרִי. וְשִׁכְבַת זֶרַע מְטַמֵּא הָאִשָּׁה בִּפְלִיטָתוֹ כָּל שְׁלֹשָׁה יָמִים לְאַחַר תַּשְׁמִישׁ, וּלְאַחַר מִכָּאן - כְּבָר הִסְרִיחַ בְּגוּפָהּ וְאֵין רָאוּי עוֹד לִהְיוֹת וָלָד נוֹצָר מִמֶּנּוּ. וְהָכִי פֵּרוּשׁוֹ: **נִדָּה שֶׁפָּלְטָה** עַתָּה תַּשְׁמִישׁ שֶׁשִּׁמְּשָׁה אֶתְמוֹל קֹדֶם שֶׁרָאֲתָה, **וְהַמְשַׁמֶּשֶׁת** מִטָּתָהּ **שֶׁרָאֲתָה נִדָּה** אַחַר שֶׁשִּׁמְּשָׁה, **צְרִיכִין טְבִילָה**:

וְרַבִּי יְהוּדָה פּוֹטֵר. אַף בִּמְשַׁמֶּשֶׁת שֶׁרָאֲתָה נִדָּה פָּטַר רַבִּי יְהוּדָה, וְאַף עַל גַּב דְּמֵעִקָּרָא בַּת טְבִילָה הֲוַת וְאִיכָּא לְמֵימַר דְּלָא פָּקְעָא חוֹבַת טְבִילָה מִנָּהּ. וּכְבָר כָּתַבְנוּ לְעֵיל דְּבִטְּלוּהָ לִטְבִילוּתָא, מִפְּנֵי שֶׁהָיְתָה תַּקָּנָה שֶׁאֵין רֹב הַצִּבּוּר יְכוֹלִין לַעֲמֹד בָּהּ.

משנה זו ממשיכה לדון באדם הטמא טומאת קרי ובתקנת עזרא שטמא קרי אסור בדברי תורה עד שיטבול. בעל קרי הוא שיצאה מאיברו שכבת זרע, וטהרתו היא על ידי טבילה. מי שיצא מאיברו נוזל אחר שאינו סמיך (ראה משנה מגילה א, ז) נקרא זב, וטומאתו חמורה יותר ונמשכת שבעה ימים (ויקרא טו), וכן טומאת אישה נידה חמורה יותר מטומאת קרי ונמשכת גם היא שבעה ימים.

המשנה מלמדת שתקנת עזרא חלה גם על אלו שיישארו טמאים בטומאה חמורה גם אחרי הטבילה, ואחרי שיטבלו משום טומאת הקרי הם מותרים בדברי תורה אף שנשארו טמאים טומאת זב או נידה.

זָב שֶׁרָאָה קֶרִי, ויש עליו שתי טומאות: זיבה וקרי. **וְנִדָּה שֶׁפָּלְטָה שִׁכְבַת זֶרַע,** ויש עליה שתי טומאות: נידה וקרי. **וְהַמְשַׁמֶּשֶׁת** את מיטתה ונטמאה בטומאת קרי **שֶׁרָאֲתָה** אחר כך דם **נִדָּה** ויש עליה שתי טומאות: נידה וקרי - כל אלו **צְרִיכִין טְבִילָה** מתקנת עזרא, ואחריה יהיו מותרים בדברי תורה,

ועליהם לטבול ולהיטהר מהקרי למרות שהם עדיין יהיו טמאים טומאה חמורה. **וְרַבִּי יְהוּדָה פּוֹטֵר** מטבילה, כיוון שגם אחר הטבילה הם יישארו טמאים.

פרק רביעי

פרק זה עוסק בתפילת העמידה, בזמני התפילות השונות: שחרית, מנחה, ערבית ומוסף, וכן בתפילה נוספת שתיקן רבי נחוניא בן הקנה למי שנכנס ללמוד תורה בבית המדרש. דנים מה התוכן של תפילת העמידה, כיצד מתפלל אותה אדם הנמצא בדרך או במקום סכנה, ומסיימים בחובתה של תפילת המוסף.

א **תְּפִלַּת הַשַּׁחַר עַד חֲצוֹת,**
רַבִּי יְהוּדָה אוֹמֵר: עַד אַרְבַּע שָׁעוֹת.
תְּפִלַּת הַמִּנְחָה עַד הָעֶרֶב,
רַבִּי יְהוּדָה אוֹמֵר: עַד פְּלַג הַמִּנְחָה.
תְּפִלַּת הָעֶרֶב אֵין לָהּ קֶבַע.
וְשֶׁל מוּסָפִין כָּל הַיּוֹם,
רַבִּי יְהוּדָה אוֹמֵר: עַד שֶׁבַע שָׁעוֹת.

רבי עובדיה מברטנורה

תְּפִלַּת הַשַּׁחַר עַד חֲצוֹת. שֶׁכֵּן תָּמִיד שֶׁל שַׁחַר קָרֵב **עַד חֲצוֹת** לְרַבָּנָן, וּלְרַבִּי **יְהוּדָה** אֵינוֹ קָרֵב אֶלָּא **עַד אַרְבַּע שָׁעוֹת** בַּיּוֹם. וְעַד **אַרְבַּע שָׁעוֹת** הַיְנוּ עַד סוֹף שָׁעָה רְבִיעִית, שֶׁהוּא שְׁלִישׁ הַיּוֹם בִּזְמַן שֶׁהַיּוֹם שְׁתֵּים עֶשְׂרֵה שָׁעוֹת. וְכֵן זְמַנָּהּ לְעוֹלָם עַד סוֹף שְׁלִישׁ הַיּוֹם, לְפִי אֹרֶךְ הַיָּמִים וְקָטְנָן, כִּדְכָתְבִינָן לְעֵיל גַּבֵּי קְרִיאַת שְׁמַע (א, ב). וַהֲלָכָה כְּרַבִּי יְהוּדָה:

תְּפִלַּת הַמִּנְחָה עַד הָעֶרֶב. עַד שֶׁתֶּחְשַׁךְ: **עַד פְּלַג הַמִּנְחָה.** זְמַן מִנְחָה קְטַנָּה הוּא מִתֵּשַׁע שָׁעוֹת וּמֶחֱצָה עַד הַלַּיְלָה, שֶׁהֵם שְׁתֵּי שָׁעוֹת וּמֶחֱצָה – נִמְצָא פְּלַג הַמִּנְחָה שֶׁהוּא חֲצִי שִׁעוּר זֶה – שָׁעָה וּרְבִיעַ.

וּפְסַק הַהֲלָכָה בָּזֶה: דַּעֲבַד כְּמָר – עֲבַד, וְדַעֲבַד כְּמָר – עֲבַד, וְהָרוֹצֶה לַעֲשׂוֹת כְּדִבְרֵי חֲכָמִים וּלְהִתְפַּלֵּל **תְּפִלַּת הַמִּנְחָה עַד הָעֶרֶב** – יַעֲשֶׂה, וּבִלְבַד שֶׁלֹּא יִתְפַּלֵּל עַרְבִית בִּזְמַן זֶה, שֶׁכֵּיוָן שֶׁמַּחְשִׁיב אוֹתוֹ יוֹם לְעִנְיַן שֶׁמִּתְפַּלֵּל בּוֹ מִנְחָה – אֵינוֹ יָכוֹל לְהַחְשִׁיבוֹ לַיְלָה, וּלְהִתְפַּלֵּל בּוֹ עַרְבִית. וְאִם בָּא לַעֲשׂוֹת כְּדִבְרֵי **רַבִּי יְהוּדָה** שֶׁלֹּא לְהִתְפַּלֵּל מִנְחָה אֶלָּא **עַד פְּלַג הַמִּנְחָה**, שֶׁהוּא שָׁעָה וּרְבִיעַ קֹדֶם הַלַּיְלָה – עוֹשֶׂה, וּמִשָּׁם וְאֵילָךְ יוּכַל לְהִתְפַּלֵּל עַרְבִית:

אֵין לָהּ קֶבַע. זְמַנָּהּ כָּל הַלַּיְלָה. וְהָא דְּתָנֵי **אֵין לָהּ קֶבַע** וְלָא קָתָנֵי: "זְמַנָּהּ כָּל הַלַּיְלָה", לְאַשְׁמְעִינַן דִּתְפִלַּת עַרְבִית רְשׁוּת, לְפִי שֶׁהִיא כְּנֶגֶד הַקְרָבַת אֵבָרִים וּפְדָרִים שֶׁקְּרֵבִים כָּל הַלַּיְלָה, וְהָנָךְ רְשׁוּת נִנְהוּ, שֶׁכֵּיוָן שֶׁנִּזְרַק הַדָּם – נִרְצָה הַקָּרְבָּן, אַף עַל פִּי שֶׁנִּטְמְאוּ אֵבָרִים וּפְדָרִים אוֹ שֶׁאָבְדוּ. וּמִיהוּ הָאִידָנָא – קִבְּלוּהָ עֲלֵיהֶם כְּחוֹבָה: **וְשֶׁל מוּסָפִין כָּל הַיּוֹם.** אִם אֵחֲרָהּ אַחַר שֶׁבַע – יָצָא, אֲבָל נִקְרָא פּוֹשֵׁעַ, וְכֵן הֲלָכָה.

משנה זו דנה בזמן של תפילות היום: שחרית, מנחה, ערבית ומוסף. בזמן בית המקדש עבודת הקרבנות הייתה מתקיימת בבוקר ובבין הערביים באופן תמידי, וכנגד קרבנות התמיד תיקנו חכמים שנעבוד את ה' בתפילת עמידה פעמיים ביום: תפילת שחרית בבוקר ומנחה בין הערביים. תפילת ערבית במשך הלילה היא כנגד האיברים של הקרבנות שהיו נשרפים על המזבח כל הלילה, ותפילת המוספים היא תקנת חכמים כנגד קרבן המוסף שהיו מקריבים בבית המקדש בימים מיוחדים (רמב"ם הלכות תפילה א, ה-ו). עוד אמרו (בבלי ברכות כו, ב) שתקנת התפילה היא קדומה מימי האבות, אברהם תיקן שחרית, יצחק תיקן מנחה ויעקב תיקן ערבית.

זמן **תְּפִלַּת הַשַּׁחַר** הוא **עַד חֲצוֹת** היום, **רַבִּי יְהוּדָה אוֹמֵר: עַד אַרְבַּע שָׁעוֹת,** כלומר שליש היום. מחלוקת זה נובעת ממחלוקתם לגבי זמן קרבן תמיד השחר, לחכמים זמן התמיד הוא עד חצות היום ולרבי יהודה עד שליש היום.

זמן **תְּפִלַּת הַמִּנְחָה עַד הָעֶרֶב** עד שקיעת החמה (רבנו יונה יח, א) ויש מפרשים עד צאת הכוכבים (ראב"ד). **רַבִּי יְהוּדָה אוֹמֵר: עַד פְּלַג** חצי זמן **הַמִּנְחָה.** ישנם שני זמני מנחה: מנחה גדולה ומנחה קטנה. מנחה גדולה היא המוקדמת יותר, וזמנה מחצי שעה אחר חצות היום, וכאן מדובר על מנחה קטנה, שהיא משעתיים וחצי לפני הלילה. חצי זמן (=פלג) המנחה הוא שעה ורבע לפני הלילה, ואז נגמר זמן תפילה המנחה.

השעות שמנו חכמים אינן השעות הנהוגות בימינו, שכל אחת נמשכת 60 דקות קבועות. כדי לקבוע את השעה שבמשנה צריך לחלק את משך היום, מהזריחה עד השקיעה, ל-12 חלקים, וכל חלק הוא 'שעה זמנית'. לפי חשבון זה, לפעמים השעה ארוכה יותר מ-60 דקות (בימי הקיץ) ולפעמים קצרה יותר (בימי החורף).

תְּפִלַּת הָעֶרֶב אֵין לָהּ קֶבַע – חכמים לא קבעו תפילה זו כחובה, אלא היא תפילת רשות, וזמנה אינו מוגבל כשאר התפילות אלא הוא כל הלילה. אף שתפילת ערבית היא רשות, "נהגו כל ישראל בכל מקומות מושבותיהם להתפלל ערבית וקבלוה עליהם כתפילת חובה" (רמב"ם הלכות תפילה א, ו).

וְשֶׁל מוּסָפִין בשבת, ראש חודש ושאר מועדים שבהם היו מקריבים קרבן מוסף, זמנה **כָּל הַיּוֹם, רַבִּי יְהוּדָה אוֹמֵר: עַד שֶׁבַע שָׁעוֹת** ביום, כלומר שעה אחת אחר חצות היום.

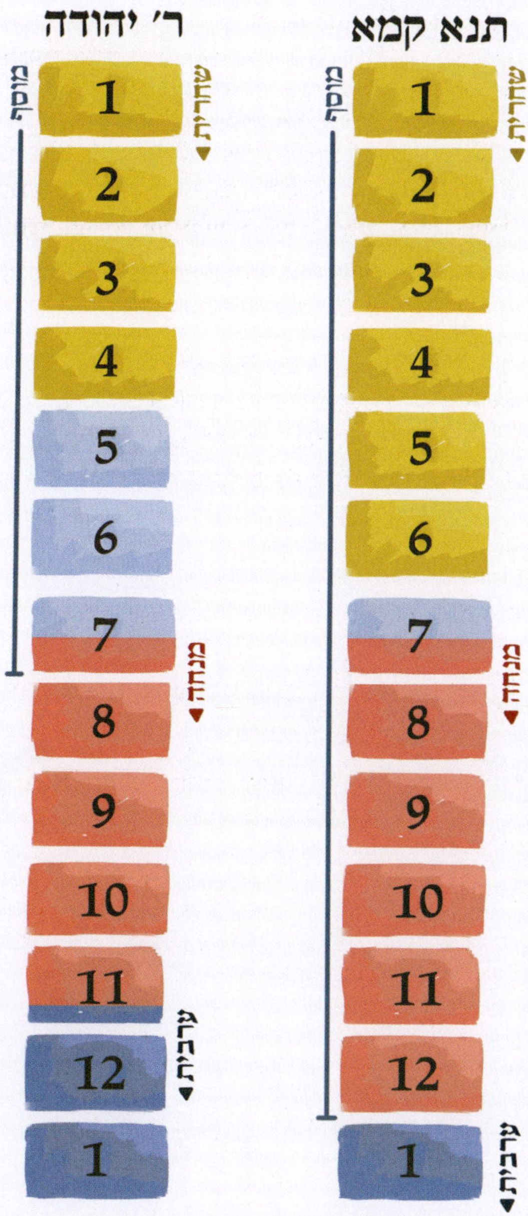
תנא קמא
ר' יהודה
שחרית
מוסף
מנחה
ערבית
1
2
3
4
5
6
7
8
9
10
11
12
1

ב רַבִּי נְחוּנְיָא בֶּן הַקָּנָה
הָיָה מִתְפַּלֵּל בִּכְנִיסָתוֹ לְבֵית הַמִּדְרָשׁ וּבִיצִיאָתוֹ
תְּפִלָּה קְצָרָה.
אָמְרוּ לוֹ: מַה מָּקוֹם לִתְפִלָּה זוֹ?
אָמַר לָהֶם:
בִּכְנִיסָתִי אֲנִי מִתְפַּלֵּל שֶׁלֹּא תֶאֱרַע תַּקָּלָה עַל יָדִי,
וּבִיצִיאָתִי אֲנִי נוֹתֵן הוֹדָיָה עַל חֶלְקִי.

רבי עובדיה מברטנורה

מַה מָּקוֹם. כְּלוֹמַר: מַה טִּיבָהּ?: **שֶׁלֹּא תֶאֱרַע תַּקָּלָה.** שֶׁלֹּא יָבֹא מִכְשׁוֹל עַל יָדִי, כִּדְמְפָרֵשׁ בַּבָּרַיְיתָא (ברכות כח, ב): "שֶׁלֹּא אֶכָּשֵׁל בִּדְבַר הֲלָכָה וְיִשְׂמְחוּ בִּי חֲבֵרַי" – הֲרֵי רָעָה שֶׁתָּבֹא עַל יָדִי, שֶׁאֲגָרֵם לָהֶם שֶׁיֵּעָנְשׁוּ: **אֲנִי נוֹתֵן הוֹדָיָה עַל חֶלְקִי.** מוֹדֶה עַל הַטּוֹבָה שֶׁחָלַק לִי, שֶׁשָּׂם

חֶלְקִי מִיּוֹשְׁבֵי בֵּית הַמִּדְרָשׁ. וּשְׁתֵּי תְּפִלּוֹת הַלָּלוּ בִּכְנִיסָתוֹ לְבֵית הַמִּדְרָשׁ וּבִיצִיאָתוֹ – חוֹבָה עַל כָּל אִישׁ וְאִישׁ לְאָמְרָן, דְּהָכִי אָמְרִינַן בַּבָּרַיְיתָא (שם): "בִּכְנִיסָתוֹ מָה הוּא אוֹמֵר?... וּבִיצִיאָתוֹ מַהוּ אוֹמֵר?" – מַשְׁמַע דְּחוֹבָה לְמֵימְרִינְהוּ.

משנה זו מתארת את תפילת "בית המדרש" שתיקן רבי נחוניא בן הקנה.

רַבִּי נְחוּנְיָא בֶּן הַקָּנָה הָיָה מִתְפַּלֵּל בִּכְנִיסָתוֹ לְבֵית הַמִּדְרָשׁ וּבִיצִיאָתוֹ תְּפִלָּה קְצָרָה.

אָמְרוּ לוֹ: מַה מָּקוֹם לִתְפִלָּה זוֹ – מה עניינה? **אָמַר לָהֶם: בִּכְנִיסָתִי אֲנִי מִתְפַּלֵּל שֶׁלֹּא תֶּאֱרַע תַּקָּלָה** ייגרם מכשול **עַל יָדִי** בלימוד התורה, כגון שאומר על טמא שהוא טהור, או על טהור שהוא טמא, **וּבִיצִיאָתִי אֲנִי נוֹתֵן הוֹדָיָה** לה' **עַל חֶלְקִי** שזכיתי להיות מלומדי התורה בבית המדרש, לקנות חכמה וחיי עולם הבא, לעומת העוסקים בדברים בטלים.

ג **רַבָּן גַּמְלִיאֵל אוֹמֵר:**
בְּכָל יוֹם מִתְפַּלֵּל אָדָם שְׁמוֹנֶה עֶשְׂרֵה.
רַבִּי יְהוֹשֻׁעַ אוֹמֵר:
מֵעֵין שְׁמוֹנֶה עֶשְׂרֵה.
רַבִּי עֲקִיבָא אוֹמֵר:
אִם שְׁגוּרָה תְפִלָּתוֹ בְּפִיו - יִתְפַּלֵּל שְׁמוֹנֶה עֶשְׂרֵה,
וְאִם לָאו - מֵעֵין שְׁמוֹנֶה עֶשְׂרֵה.

רבי עובדיה מברטנורה

מֵעֵין שְׁמוֹנֶה עֶשְׂרֵה. אִית דִּמְפָרְשֵׁי בַּגְּמָרָא: שֶׁאוֹמֵר מִכָּל בְּרָכָה וּבְרָכָה מִן הָאֶמְצָעִיּוֹת בְּקֹצֶר, וְחוֹתֵם עַל כָּל אַחַת וְאַחַת. וְאִית דְּאָמְרֵי: "הֲבִינֵנוּ ה' אֱלֹהֵינוּ לָדַעַת דְּרָכֶיךָ", שֶׁהִיא בְּרָכָה אַחַת, שֶׁיֵּשׁ בָּהּ מֵעֵין כָּל הַבְּרָכוֹת הָאֶמְצָעִיּוֹת שֶׁל שְׁמוֹנֶה עֶשְׂרֵה, וְחוֹתֵם: "בָּרוּךְ אַתָּה ה' שׁוֹמֵעַ תְּפִלָּה". **שְׁגוּרָה בְּפִיו.** שֶׁהוּא לָמוּד וְרָגִיל בָּהּ. וַהֲלָכָה כְּרַבִּי עֲקִיבָא, שֶׁמִּי שֶׁאֵין תְּפִלָּתוֹ שְׁגוּרָה בְּפִיו, אוֹ בִּשְׁעַת הַדְּחָק - מִתְפַּלֵּל אָדָם שָׁלֹשׁ רִאשׁוֹנוֹת וְשָׁלֹשׁ אַחֲרוֹנוֹת וַ"הֲבִינֵנוּ" בָּאֶמְצַע, שֶׁהִיא מֵעֵין כָּל הָאֶמְצָעִיּוֹת, חוּץ מִימוֹת הַגְּשָׁמִים שֶׁאֵינוֹ מִתְפַּלֵּל "הֲבִינֵנוּ" מִפְּנֵי שֶׁצָּרִיךְ לוֹמַר שְׁאֵלָה בְּבִרְכַּת הַשָּׁנִים, וְחוּץ מִמּוֹצָאֵי שַׁבָּתוֹת וְיָמִים טוֹבִים שֶׁצָּרִיךְ לוֹמַר הַבְדָּלָה בְּ"חוֹנֵן הַדַּעַת".

משנה זו דנה בנוסח של תפילת העמידה שבכל יום.

רַבָּן גַּמְלִיאֵל אוֹמֵר: בְּכָל יוֹם מִתְפַּלֵּל אָדָם שְׁמוֹנֶה עֶשְׂרֵה – תפילת עמידה שיש בה שמונה עשרה ברכות, ובגמרא מסופר ששמואל הקטן תיקן ברכה נוספת (סך הכול 19 ברכות), וכך אנו מתפללים כיום.

רַבִּי יְהוֹשֻׁעַ אוֹמֵר: אין חובה להתפלל את כל הברכות, אלא **מֵעֵין שְׁמוֹנֶה עֶשְׂרֵה.** בביאור דבריו נחלקו בגמרא (כט, א): יש מפרשים שהכוונה שאומר שמונה עשרה ברכות מקוצרות, כלומר אומר רק את הפתיחה והסיום של כל ברכה (ראה לעיל ג, ה), ויש מפרשים שבמקום כל הברכות האמצעיות

אומר ברכה אחת קצרה הכוללת את התוכן של כולן, ונקראת ברכת "הביננו".

בימי התנאים לא היו מתפללים מתוך סידור אלא בעל פה, ולא כולם זכרו את נוסח הברכות שבתפילה ויש הבדל בדין אם זוכר את כל הברכות בעל פה או לא.

רַבִּי עֲקִיבָא אוֹמֵר: אִם שְׁגוּרָה תְּפִלָּתוֹ בְּפִיו, שהוא בקי ויודע לומר את כל הברכות מבלי להתעכב ולהתבלבל (תפארת ישראל) - **יִתְפַּלֵּל** את כל **שְׁמוֹנֶה עֶשְׂרֵה** הברכות, **וְאִם לָאו** - יתפלל **מֵעֵין שְׁמוֹנֶה עֶשְׂרֵה**, כדעת רבי יהושע.

ד רַבִּי אֱלִיעֶזֶר אוֹמֵר:
הָעוֹשֶׂה תְּפִלָּתוֹ קֶבַע –
אֵין תְּפִלָּתוֹ תַּחֲנוּנִים.
רַבִּי יְהוֹשֻׁעַ אוֹמֵר:
הַמְהַלֵּךְ בִּמְקוֹם סַכָּנָה מִתְפַּלֵּל תְּפִלָּה קְצָרָה,
אוֹמֵר:
"הוֹשַׁע הַשֵּׁם אֶת עַמְּךָ אֶת שְׁאֵרִית יִשְׂרָאֵל,
בְּכָל פָּרָשַׁת הָעִבּוּר יִהְיוּ צָרְכֵיהֶם לְפָנֶיךָ,
בָּרוּךְ אַתָּה ה' שׁוֹמֵעַ תְּפִלָּה".

רבי עובדיה מברטנורה

הָעוֹשֶׂה תְּפִלָּתוֹ קֶבַע. שֶׁתְּפִלָּתוֹ דּוֹמָה עָלָיו כְּמַשּׂאוֹי. וּלְשׁוֹן קֶבַע – שֶׁאוֹמֵר: "חֹק קָבוּעַ עָלַי לְהִתְפַּלֵּל, וְצָרִיךְ אֲנִי לָצֵאת מִמֶּנָּה": **מִתְפַּלֵּל תְּפִלָּה קְצָרָה.** וּמָה הִיא תְּפִלָּה קְצָרָה? שֶׁאוֹמֵר: **"הוֹשַׁע ה' אֶת עַמְּךָ"** וגו': **בְּכָל פָּרָשַׁת הָעִבּוּר.** אֲפִלּוּ בְּשָׁעָה שֶׁהֵם פּוֹרְשִׁים לַעֲבֵרָה, **יִהְיוּ צָרְכֵיהֶם לְפָנֶיךָ** גְּלוּיִים לְרַחֵם עֲלֵיהֶם. **פָּרָשַׁת** לְשׁוֹן פְּרִישָׁה, **הָעִבּוּר.** שֶׁל עֲבֵרָה. וְאֵין הֲלָכָה כְּרַבִּי יְהוֹשֻׁעַ, אֶלָּא הַתְּפִלָּה שֶׁמִּתְפַּלְּלִים בִּמְקוֹם סַכָּנָה הִיא: "צָרְכֵי עַמְּךָ מְרֻבִּים" וכו'. וּמִתְפַּלֵּל אוֹתָהּ אָדָם כְּשֶׁהוּא מְהַלֵּךְ. וְאֵינוֹ מִתְפַּלֵּל לֹא שָׁלֹשׁ רִאשׁוֹנוֹת וְלֹא שָׁלֹשׁ אַחֲרוֹנוֹת. וּכְשֶׁיַּעֲבֹר מְקוֹם הַסַּכָּנָה וְתִתְיַשֵּׁב דַּעְתּוֹ – צָרִיךְ לַחֲזֹר וּלְהִתְפַּלֵּל תְּפִלָּה כְּתִקְנָהּ, אִם לֹא עָבְרָה עוֹנָתָהּ:

משנה זו מלמדת שני דברים: א. עניין התפילה הוא בקשת רחמים מאת ה', ולכן היא צריכה להיות בכוונה ודרך תחנונים. ב. במקום סכנה מתפלל תפילה קצרה.

רַבִּי אֱלִיעֶזֶר אוֹמֵר: הָעוֹשֶׂה תְּפִלָּתוֹ קֶבַע כעול כבד המוטל עליו שרוצה להיפטר ממנו, **אֵין תְּפִלָּתוֹ תַּחֲנוּנִים** – תפילתו אינה ראויה, כי עיקר התפילה הוא בקשת רחמים מאת ה', כעבד המתחנן לפני אדונו. ונחלקו המפרשים אם בדיעבד יצא ידי חובה או לא (תוספות כט, ב, לעומת רמב"ם הלכות תפילה ד, טז).

רַבִּי יְהוֹשֻׁעַ אוֹמֵר: הַמְהַלֵּךְ בִּמְקוֹם סַכָּנָה, כגון במקום שמצויים אויבים, והגיע זמן תפילה, **מִתְפַּלֵּל תְּפִלָּה קְצָרָה** בלבד, כלומר **אוֹמֵר: "הוֹשַׁע הַשֵּׁם אֶת עַמְּךָ אֵת שְׁאֵרִית יִשְׂרָאֵל! בְּכָל פָּרָשַׁת הָעִבּוּר,** אפילו בשעה שפורשים ממך ועוברים על רצונך, **יִהְיוּ צָרְכֵיהֶם לְפָנֶיךָ, בָּרוּךְ אַתָּה ה' שׁוֹמֵעַ תְּפִלָּה".** וכשמגיע למקום שאין בו סכנה עליו להשלים את התפילה שהפסיד.

ה **הָיָה רוֹכֵב עַל הַחֲמוֹר - יֵרֵד,**
וְאִם אֵינוֹ יָכוֹל לֵירֵד -
יַחֲזִיר אֶת פָּנָיו,
וְאִם אֵינוֹ יָכוֹל לְהַחֲזִיר אֶת פָּנָיו -
יְכַוֵּן אֶת לִבּוֹ כְּנֶגֶד בֵּית קֹדֶשׁ הַקֳּדָשִׁים.

רבי עובדיה מברטנורה

הָיָה רוֹכֵב עַל הַחֲמוֹר - יֵרֵד. אֵין הֲלָכָה כִּסְתָם מִשְׁנָה זוֹ, אֶלָּא בֵּין יֵשׁ לוֹ מִי שֶׁיֶּאֱחֹז חֲמוֹרוֹ, בֵּין אֵין לוֹ מִי שֶׁיֶּאֱחֹז חֲמוֹרוֹ - לֹא יֵרֵד, מִפְּנֵי שֶׁאֵין דַּעְתּוֹ מְיֻשֶּׁבֶת עָלָיו כְּשֶׁהוּא יוֹרֵד: **יַחֲזִיר אֶת פָּנָיו** לְצַד יְרוּשָׁלַיִם, שֶׁנֶּאֱמַר (מלכים א ח, מח): "וְהִתְפַּלְלוּ אֵלֶיךָ דֶּרֶךְ אַרְצָם": **יְכַוֵּן אֶת לִבּוֹ כְּנֶגֶד בֵּית קָדְשֵׁי הַקֳּדָשִׁים.** שֶׁנֶּאֱמַר (שם שם, לה): "וְהִתְפַּלְלוּ אֶל הַמָּקוֹם הַזֶּה".

משנה זו דנה באדם שהיה בדרך על חמורו והגיע זמן התפילה. חכמים תיקנו שאדם יתפלל בעמידה ולכיוון ארץ ישראל, ירושלים והמקדש, כך שכל ישראל בכל מקום שהם מאוחדים סביב מקום אחד (גמרא ל, א) וזוכרים בדעתם את המקום הקדוש ואת ה' השרוי בתוכו (מאירי).

הָיָה רוֹכֵב עַל הַחֲמוֹר והגיע זמן התפילה - **יֵרֵד** מהחמור ויתפלל תפילת עמידה כיוון שלא יוכל לכוון את דעתו היטב בשעה שרוכב, **וְאִם אֵינוֹ יָכוֹל לֵירֵד**, כגון שהוא במקום סכנה - יתפלל על החמור, אולם **יַחֲזִיר**, יסובב, **אֶת פָּנָיו** לכיוון ארץ ישראל, ירושלים והמקדש. **וְאִם אֵינוֹ יָכוֹל לְהַחֲזִיר אֶת פָּנָיו**, כגון שהחמור משנה את כיוונו במשך הרכיבה, או שהרוכב אינו מכיר את הכיוונים של רוחות השמים, **יְכַוֵּן אֶת לִבּוֹ**, ידמיין במחשבתו שהוא **כְּנֶגֶד בֵּית קֹדֶשׁ הַקֳּדָשִׁים.**

ו **הָיָה יוֹשֵׁב בִּסְפִינָה, אוֹ בְקָרוֹן, אוֹ בְאַסְדָּא – יְכַוֵּן אֶת לִבּוֹ כְּנֶגֶד בֵּית קֹדֶשׁ הַקֳּדָשִׁים.**

רבי עובדיה מברטנורה

בְּאַסְדָּא. עֵצִים הַרְבֵּה קְשׁוּרִים וּמְהֻדָּקִים יַחַד, וּמְשִׁיטִים אוֹתָם בַּנָּהָר וּבְנֵי אָדָם הוֹלְכִים עֲלֵיהֶם. וּבִלְשׁוֹן מִקְרָא (דברי הימים ב ב, יג) קְרוּיִן רַפְסוֹדוֹת.

משנה זו ממשיכה לדון במי שאינו יכול לכוון את פניו בתפילה לכיוון ארץ ישראל, ירושלים והמקדש.

הָיָה יוֹשֵׁב בִּסְפִינָה, אוֹ בְקָרוֹן, אוֹ בְאַסְדָּא, רפסודה או סירה קטנה, והגיע זמן התפילה – **יְכַוֵּן אֶת לִבּוֹ כְּנֶגֶד בֵּית קֹדֶשׁ הַקֳּדָשִׁים,** שכן במקרים אלו אינו יכול לכוון ממש את פניו למקום המקדש.

ז **רַבִּי אֶלְעָזָר בֶּן עֲזַרְיָה אוֹמֵר:**
אֵין תְּפִלַּת הַמּוּסָפִין אֶלָּא בְּחֶבֶר עִיר.
וַחֲכָמִים אוֹמְרִים:
בְּחֶבֶר עִיר וְשֶׁלֹּא בְּחֶבֶר עִיר.
רַבִּי יְהוּדָה אוֹמֵר מִשְּׁמוֹ:
כָּל מָקוֹם שֶׁיֵּשׁ חֶבֶר עִיר –
הַיָּחִיד פָּטוּר מִתְּפִלַּת הַמּוּסָפִין.

רבי עובדיה מברטנורה

אֵין תְּפִלַּת הַמּוּסָפִים אֶלָּא בְּחֶבֶר עִיר. בַּחֲבוּרַת הָעִיר, כְּלוֹמַר בְּצִבּוּר וְלֹא בְּיָחִיד: **בְּחֶבֶר עִיר וְשֶׁלֹּא בְּחֶבֶר עִיר.** בֵּין בְּצִבּוּר, בֵּין בְּיָחִיד: **רַבִּי יְהוּדָה אוֹמֵר מִשְּׁמוֹ** שֶׁל רַבִּי אֶלְעָזָר בֶּן עֲזַרְיָה. וְאִכָּא בֵּין תַּנָּא קַמָּא לְרַבִּי יְהוּדָה, יָחִיד הַדָּר בְּעִיר שֶׁאֵין שָׁם עֲשָׂרָה: לְתַנָּא קַמָּא אַלִּיבָּא דְּרַבִּי אֶלְעָזָר דְּאָמַר לֹא תִּקְנוּהָ אֶלָּא בְּחֶבֶר עִיר – יָחִיד זֶה פָּטוּר, וּלְרַבִּי יְהוּדָה אֵין יָחִיד פָּטוּר אֶלָּא כְּשֶׁהוּא בִּמְקוֹם עֲשָׂרָה, שֶׁשְּׁלִיחַ צִבּוּר פּוֹטְרוֹ. וַהֲלָכָה כַּחֲכָמִים.

משנה זו דנה בדיניה של תפילת המוסף.

רַבִּי אֶלְעָזָר בֶּן עֲזַרְיָה אוֹמֵר: אֵין תְּפִלַּת הַמּוּסָפִין אֶלָּא בְּחֶבֶר עִיר – במקום חבורה, כלומר בציבור אך לא ביחיד. **וַחֲכָמִים אוֹמְרִים: בְּחֶבֶר עִיר וְשֶׁלֹּא בְּחֶבֶר עִיר** – חובת התפילה היא גם על היחיד בביתו.

רַבִּי יְהוּדָה אוֹמֵר מִשְּׁמוֹ של רבי אלעזר בן עזריה: **כָּל מָקוֹם שֶׁיֵּשׁ חֶבֶר עִיר – הַיָּחִיד פָּטוּר מִתְּפִלַּת הַמּוּסָפִין.** תפילת המוסף שונה משאר התפילות, שמעיקרה לא נתקנה כרחמים ובקשה לפני ה', אלא לשבח וכנגד קרבן מוסף של הציבור, ולכן רבי אלעזר בן עזריה פטר את היחיד מתפילה זו (רבנו יונה כ, ב). והמאירי פירש שרבי אלעזר בן עזריה פטר את היחיד כיוון שהתפילה אינה תדירה ורוב האנשים אינם בקיאים בה, ובזמן שתיקנו אותה לא היו סידורים.

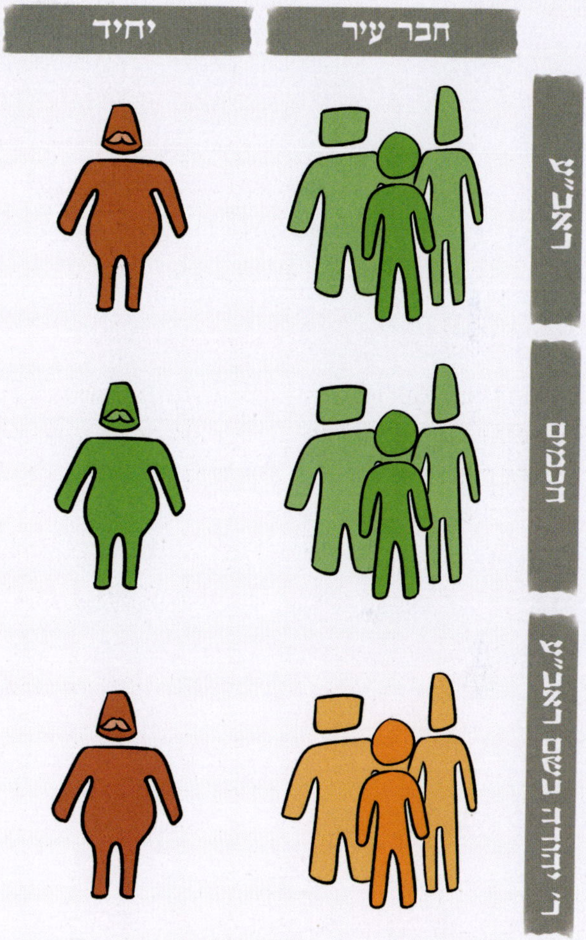

חבר עיר
יחיד
ראב"ע
חכמים
ר' יהודה בשם ראב"ע

פרק חמישי

פרק זה עוסק בדיני התפילה: כובד הראש הנדרש בה, איסור ההפסקה לדברים אחרים, תוספות שונות שתיקנו לומר בתוך התפילה, ובטעויות ובלבולים העשויים להיווצר בתפילה.

עיקרה של תפילה היא תפילת העמידה, ותיקנו חכמים שנעבוד את ה' בתפילה זו שלוש פעמים ביום, כנגד עבודת התמיד בבית המקדש. עוד אמרו (בבלי ברכות כו, ב) שתקנת התפילה היא קדומה מימי האבות, אברהם תיקן שחרית, יצחק תיקן מנחה ויעקב תיקן ערבית.

א אֵין עוֹמְדִין לְהִתְפַּלֵּל אֶלָּא מִתּוֹךְ כֹּבֶד רֹאשׁ.
חֲסִידִים הָרִאשׁוֹנִים הָיוּ שׁוֹהִים שָׁעָה אַחַת וּמִתְפַּלְּלִים,
כְּדֵי שֶׁיְּכַוְּנוּ אֶת לִבָּם לַמָּקוֹם.
אֲפִלּוּ הַמֶּלֶךְ שׁוֹאֵל בִּשְׁלוֹמוֹ - לֹא יְשִׁיבֶנּוּ,
וַאֲפִלּוּ נָחָשׁ כָּרוּךְ עַל עֲקֵבוֹ - לֹא יַפְסִיק.

רבי עובדיה מברטנורה

אֵין עוֹמְדִין... מִתּוֹךְ כֹּבֶד רֹאשׁ. הַכְנָעָה וּמוֹרָא, דִּכְתִיב (תהלים ב, יא): "עִבְדוּ אֶת ה' בְּיִרְאָה", וַעֲבוֹדָה זוֹ - תְּפִלָּה הִיא: **שׁוֹהִים שָׁעָה אַחַת** בַּמָּקוֹם שֶׁבָּאוּ לְהִתְפַּלֵּל: **אֲפִלּוּ הַמֶּלֶךְ שׁוֹאֵל בִּשְׁלוֹמוֹ.** וְדַוְקָא מֶלֶךְ יִשְׂרָאֵל, אֲבָל מֶלֶךְ גּוֹי - פּוֹסֵק, שֶׁלֹּא יַהַרְגֶנּוּ:

אֲפִלּוּ נָחָשׁ כָּרוּךְ עַל עֲקֵבוֹ. דַּוְקָא נָחָשׁ שֶׁרֹב פְּעָמִים אֵינוֹ נוֹשֵׁךְ, אֲבָל עַקְרָב אוֹ אֶפְעֶה מִן הַדְּבָרִים שֶׁוַּדַּאי נוֹשְׁכִים וּמְמִיתִים - פּוֹסֵק.

משנה זו עוסקת בדיני תפילת העמידה: בהכנה הראויה לקראת התפילה ובאיסור ההפסקה לדברים אחרים בעת התפילה.

אֵין עוֹמְדִין לְהִתְפַּלֵּל את תפילת העמידה **אֶלָּא מִתּוֹךְ כֹּבֶד רֹאשׁ** הכנעה לפני ה' (ברטנורה) ורצינות (רמב"ם).

חֲסִידִים הָרִאשׁוֹנִים הָיוּ שׁוֹהִים שָׁעָה אַחַת לפני התפילה, לעורר את הכוונה ולזכך את המחשבה לעבודת ה', **וּמִתְפַּלְּלִים, כְּדֵי שֶׁיְּכַוְּנוּ אֶת לִבָּם לַמָּקוֹם.** ובגמרא (לב, ב) הוסיפו שהיו שוהים שעה אחת גם לאחר התפילה, ועשו זאת כדי שלא יֵראה כאילו התפילה היא עול כבד שרוצים להיפטר ממנו (רמב"ם הלכות תפילה ד, טז).

אדם העומד לפני ה' בתפילה, אינו פוסק מפני שום דבר. **אֲפִלּוּ הַמֶּלֶךְ שׁוֹאֵל בִּשְׁלוֹמוֹ** בעת שהוא בתפילת העמידה - **לֹא יְשִׁיבֶנּוּ, וַאֲפִלּוּ נָחָשׁ כָּרוּךְ עַל**

עֲקֵבוֹ – לֹא יַפְסִיק. בגמרא (לב-לג) הסבירו שאם יש חשש שהמלך יהרוג את האדם משום שהוא מתעלם ממנו, או שהנחש ארסי ויכול להרוג את האדם, ודאי שעליו להפסיק את תפילתו, שכן פיקוח נפש דוחה את מצוות התפילה.

ב **מַזְכִּירִין גְּבוּרוֹת גְּשָׁמִים בִּ"תְחִיַּת הַמֵּתִים",**
וְשׁוֹאֲלִין הַגְּשָׁמִים בְּ"בִרְכַּת הַשָּׁנִים",
וְהַבְדָּלָה בְּ"חוֹנֵן הַדַּעַת".
רַבִּי עֲקִיבָא אוֹמֵר: אוֹמְרָהּ בְּרָכָה רְבִיעִית בִּפְנֵי עַצְמָהּ.
רַבִּי אֱלִיעֶזֶר אוֹמֵר: בְּ"הוֹדָאָה".

רבי עובדיה מברטנורה

מַזְכִּירִין גְּבוּרוֹת גְּשָׁמִים. "מַשִּׁיב הָרוּחַ", שֶׁאֵינוֹ לְשׁוֹן בַּקָּשָׁה אֶלָּא לְשׁוֹן הַזְכָּרָה וְשֶׁבַח. וּמִפְּנֵי שֶׁהַגְּשָׁמִים אַחַת מִגְּבוּרוֹתָיו שֶׁל הַקָּדוֹשׁ בָּרוּךְ הוּא, דִּכְתִיב (איוב ה, ט-י): "עֹשֶׂה גְדֹלוֹת וְאֵין חֵקֶר... הַנֹּתֵן מָטָר עַל פְּנֵי אָרֶץ" – מִשּׁוּם הָכִי קָרֵי לְהוּ "**גְּבוּרוֹת גְּשָׁמִים**": **וּשְׁאֵלָה.** "וְתֵן טַל וּמָטָר" – לְשׁוֹן בַּקָּשָׁה: **בְּבִרְכַּת הַשָּׁנִים.** מִתּוֹךְ שֶׁהֵן פַּרְנָסָה – קָבְעוּ שְׁאֵלָתָן בְּבִרְכַּת פַּרְנָסָה: **וְהַבְדָּלָה** בְּמוֹצָאֵי שַׁבָּת: **בְּחוֹנֵן הַדַּעַת.** שֶׁהִיא בְּרָכָה רִאשׁוֹנָה שֶׁל חֹל. וּבִירוּשַׁלְמִי (ה, ב) אָמְרוּ: מִפְּנֵי מָה תִּקְּנוּ הַבְדָּלָה בְּחוֹנֵן הַדַּעַת? שֶׁאִם אֵין דֵּעָה – הַבְדָּלָה מִנַּיִן? וְכֵן הֲלָכָה.

משנה זו דנה בהוספות שונות בתפילה: א. הזכרת גשמים, ב. בקשת גשמים, ג. הבדלה במוצאי שבתות וימים טובים.

מַזְכִּירִין גְּבוּרוֹת גְּשָׁמִים, "משיב הרוח ומוריד הגשם", **בִּ"תְחִיַּת הַמֵּתִים"** – הזכרת הגשמים שייכת לברכה זו, שכשם שה' יביא חיים לעולם בתחיית המתים, כך הגשמים מביאים חיים וצמיחה לעולם.

וְשׁוֹאֲלִין, מבקשים את **הַגְּשָׁמִים בְּ"בִרְכַּת הַשָּׁנִים",** שהיא ברכה שעיקרה על הפרנסה, והגשמים מביאים פרנסה לבני אדם על ידי הצמחת תבואה ופירות.

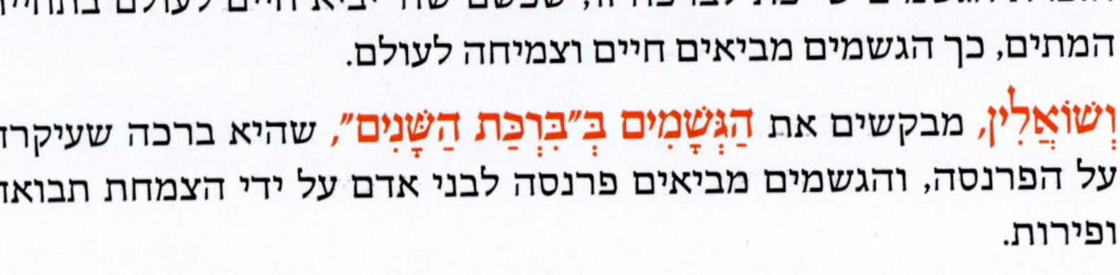

ר' עקיבא   תנא קמא

וְהַבְדָּלָה במוצאי שבתות וימים טובים מוסיפים **בְּ"חוֹנֵן הַדַּעַת"**, שצריך דעת כדי להבדיל בין דברים וזמנים שונים.

רַבִּי עֲקִיבָא אוֹמֵר: אוֹמְרָהּ בְּרָכָה רְבִיעִית בִּפְנֵי עַצְמָהּ - במוצאי שבתות וימים טובים מוסיף ברכה מיוחדת להבדלה ולשיטתו מסיים: "ברוך אתה ה' המבדיל בין קודש לחול".

רַבִּי אֱלִיעֶזֶר אוֹמֵר: כולל את תוספת ההבדלה **בְּ"הוֹדָאָה"** – ברכת "מודים", שכן יש בתוספת זו הודאה על יום השבת למנוחה (מאירי) וכן הודאה על החכמה להבדיל בין קודש לחול (רבנו יונה כג, ב).

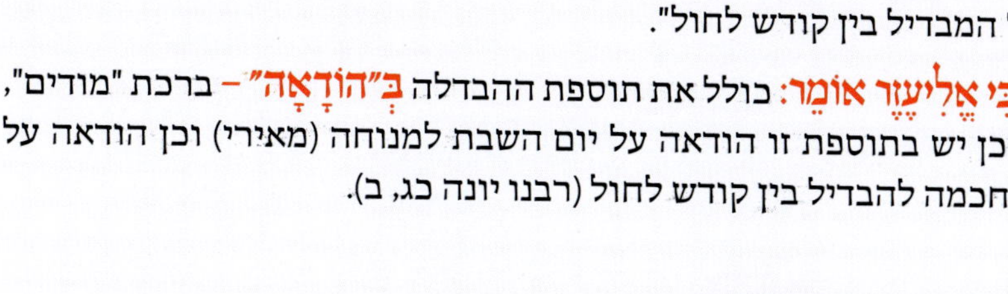

ג **הָאוֹמֵר: "עַל קַן צִפּוֹר יַגִּיעוּ רַחֲמֶיךָ",**
וְ"עַל טוֹב יִזָּכֵר שְׁמֶךָ", "מוֹדִים מוֹדִים" –
מְשַׁתְּקִין אוֹתוֹ.

הָעוֹבֵר לִפְנֵי הַתֵּבָה וְטָעָה –
יַעֲבוֹר אַחֵר תַּחְתָּיו,
וְלֹא יְהֵא סַרְבָן בְּאוֹתָהּ שָׁעָה.

מִנַּיִן הוּא מַתְחִיל?
מִתְּחִלַּת הַבְּרָכָה שֶׁטָּעָה בָּהּ.

רבי עובדיה מברטנורה

עַל קַן צִפּוֹר יַגִּיעוּ רַחֲמֶיךָ. "כְּמוֹ שֶׁהִגִּיעוּ רַחֲמֶיךָ עַל צִפּוֹר וְגָזַרְתָּ (דברים כב, ו): 'לֹא תִקַּח הָאֵם עַל הַבָּנִים' – כֵּן חוּס וְרַחֵם עָלֵינוּ". **וְעַל טוֹב יִזָּכֵר שְׁמֶךָ.** מַשְׁמַע: "עַל טוֹבָתְךָ נוֹדֶה לְךָ, וְעַל הָרַע לֹא נוֹדֶה", וַהֲרֵי אָנוּ חַיָּבִין לְבָרֵךְ עַל הָרָעָה כְּשֵׁם שֶׁמְּבָרְכִין עַל הַטּוֹבָה (לקמן ט, ה). **"מוֹדִים מוֹדִים".** דְּמֶחֱזֵי כִּמְקַבֵּל עָלָיו שְׁתֵּי אֱלֹהוּת. וּמְפָרֵשׁ בִּירוּשַׁלְמִי (ה, ג) הָדָא דְּתֵימָא בְּצִבּוּר, אֲבָל בְּיָחִיד – תַּחֲנוּנִים הֵם. **מְשַׁתְּקִין אוֹתוֹ.** שֶׁעוֹשֶׂה מִדּוֹתָיו שֶׁל הקב"ה רַחֲמִים, וְהֵן אֵינָן אֶלָּא גְּזֵרוֹת מֶלֶךְ עַל עֲבָדָיו. **וְלֹא יְהֵא סַרְבָן בְּאוֹתָהּ שָׁעָה** כְּדֶרֶךְ שְׁאָר יוֹרְדִים לִפְנֵי הַתֵּבָה, שֶׁצָּרִיךְ לְסָרֵב פַּעַם רִאשׁוֹנָה. אֲבָל זֶה – לֹא יְסָרֵב כְּשֶׁאוֹמְרִים לוֹ: "לֵךְ רֵד", לְפִי שֶׁגְּנַאי הוּא שֶׁתְּהֵא הַתְּפִלָּה מֻפְסֶקֶת כָּל כָּךְ.

משנה זו דנה בטעויות אפשריות בתפילה, ומונה דברים שהאומר אותם בתפילתו משתיקים אותו.

הָאוֹמֵר "עַל קַן צִפּוֹר יַגִּיעוּ רַחֲמֶיךָ"... מְשַׁתְּקִין אוֹתוֹ – באמירתו הוא מתייחס למצוות שילוח הציפור מהקן כשרוצה ליטול את בניה האפרוחים או את הביצים (דברים כב, ו-ד) ומחליט שהמצווה היא מפני רחמי ה' על האם. והדין הוא שמשתיקים אותו על כך, שהרי המצוות הן גזירות מאת ה' ולא מפני רחמיו (גמרא לג, ב, רמב"ם הלכות תפילה ט, ז).

וְ"עַל טוֹב יִזָּכֵר שְׁמֶךָ"... מְשַׁתְּקִין אוֹתוֹ - לפי שמובן מדבריו שרק על המאורעות הטובים לנו אנו מברכים את ה', ואמרו חכמים שיש לברך את ה' על הרעה כמו שמברך על הטובה (לקמן ט, ה).

וכן האומר **"מוֹדִים מוֹדִים"** בברכת ההודאה שבתפילת עמידה **מְשַׁתְּקִין אוֹתוֹ** - לפי שכופל את הודאתו אפשר להבין מדבריו שהוא מודה לשתי רשויות ולא לה' לבדו. בירושלמי (ה, ג) מבואר שהחשש שמודה לשתי רשויות הוא דווקא כשאומר את הדברים בקול בפני הציבור, אך כשכופל בתפילת לחש אין איסור.

הָעוֹבֵר לִפְנֵי הַתֵּבָה להיות שליח ציבור **וְטָעָה - יַעֲבוֹר אַחֵר תַּחְתָּיו** במקומו, **וְלֹא יְהֵא** השני **סַרְבָן בְּאוֹתָהּ שָׁעָה,** אלא יחליף את שליח הציבור מיד, ואפילו שמסרב מתוך ענווה, הרי זה גנאי לציבור שהתפילה מתעכבת.

מִנַּיִן הוּא, שליח הציבור החדש, **מַתְחִיל? מִתְּחִלַּת הַבְּרָכָה שֶׁטָּעָה בָהּ** הקודם. ואם טעה באחת משלוש הברכות הראשונות שבתפילת העמידה, חוזר לראש התפילה, משום שהן יחידה אחת שעניינה שבח לה' (גמרא לד, א).

ד **הָעוֹבֵר לִפְנֵי הַתֵּבָה –**

לֹא יַעֲנֶה אַחַר הַכֹּהֲנִים: "אָמֵן", מִפְּנֵי הַטֵּרוּף.

וְאִם אֵין שָׁם כֹּהֵן אֶלָּא הוּא –

לֹא יִשָּׂא אֶת כַּפָּיו.

וְאִם הַבְטָחָתוֹ שֶׁהוּא נוֹשֵׂא אֶת כַּפָּיו, וְחוֹזֵר לִתְפִלָּתוֹ – רַשַּׁאי.

רבי עובדיה מברטנורה

לֹא יַעֲנֶה אַחַר הַכֹּהֲנִים "אָמֵן" בְּסוֹף כָּל בְּרָכָה כְּמוֹ שֶׁשְּׁאָר הַצִּבּוּר עוֹנִים. **מִפְּנֵי הַטֵּרוּף.** שֶׁלֹּא תִּטָּרֵף דַּעְתּוֹ וְיִטְעֶה, לְפִי שֶׁשְּׁלִיחַ צִבּוּר הוּא – צָרִיךְ לְהַתְחִיל בְּרָכָה שְׁנִיָּה וּלְהַקְרוֹת לָהֶן מִלָּה בְּמִלָּה, וְאִם יַעֲנֶה "אָמֵן" – לֹא יוּכַל לְכַוֵּן וְלַחֲזֹר לִתְפִלָּתוֹ מַהֵר, וּלְהַתְחִיל הַבְּרָכָה שֶׁרָאוּי שֶׁיַּתְחִיל. **לֹא יִשָּׂא אֶת כַּפָּיו.** שֶׁמָּא לֹא יוּכַל לְכַוֵּן וְלַחֲזֹר לִתְפִלָּתוֹ לְהַתְחִיל "שִׂים שָׁלוֹם", שֶׁתְּהֵא דַּעְתּוֹ מְטֹרֶפֶת מֵאֵימְתָא דְּצִבּוּרָא. **וְאִם הַבְטָחָתוֹ.** כְּלוֹמַר אִם בָּטוּחַ הוּא שֶׁלֹּא תְּהֵא דַּעְתּוֹ מְטֹרֶפֶת מֵאֵימַת הַצִּבּוּר.

משנה זו דנה בשליח ציבור, בדינים הנוגעים לברכת הכוהנים. מצווה מן התורה שהכוהנים יברכו את העם שלוש ברכות (במדבר ו, כד-כו): "יברכך ה' וישמרך, יאר ה' פניו אליך ויחונך, ישא ה' פניו אליך וישם לך שלום". חכמים תיקנו שברכה זו תהיה בחזרת הש"ץ, לפני ברכת "שים שלום", ושליח הציבור מקריא לפניהם מילה במילה והכוהנים חוזרים על המילים בעמידה כלפי העם ובנשיאת כפיים.

הָעוֹבֵר לִפְנֵי הַתֵּבָה להיות שליח ציבור, **לֹא יַעֲנֶה אַחַר הַכֹּהֲנִים** שמברכים את העם בנשיאת כפיים: **"אָמֵן", מִפְּנֵי הַטֵּרוּף,** הבלבול. שליח הציבור הוא המקריא לכוהנים את ברכתם מילה במילה והכוהנים חוזרים אחריו. בברכת כוהנים יש שלוש ברכות, ויש חשש שאם שליח הציבור יענה אמן על ברכה אחת, הוא לא יזכור באיזו ברכה הוא נמצא.

וְאִם אֵין שָׁם כֹּהֵן אֶלָּא הוּא, דהיינו שליח הציבור הוא הכוהן היחיד בקהל - **לֹא יִשָּׂא אֶת כַּפָּיו,** שמא יתבלבל בהמשך התפילה שאחר ברכת הכוהנים, **וְאִם הַבְטָחָתוֹ,** שליח הציבור בטוח בעצמו, **שֶׁהוּא נוֹשֵׂא אֶת כַּפָּיו וְחוֹזֵר לִתְפִלָּתוֹ** ללא בלבול - **רַשַּׁאי** לברך את העם בברכת כוהנים.

ה **הַמִּתְפַּלֵּל וְטָעָה - סִימָן רַע לוֹ
וְאִם שְׁלִיחַ צִבּוּר הוּא - סִימָן רַע לְשׁוֹלְחָיו,
מִפְּנֵי שֶׁשְּׁלוּחוֹ שֶׁל אָדָם כְּמוֹתוֹ.**

**אָמְרוּ עָלָיו, עַל רַבִּי חֲנִינָא בֶּן דּוֹסָא,
שֶׁהָיָה מִתְפַּלֵּל עַל הַחוֹלִים,
וְאוֹמֵר: "זֶה חַי וְזֶה מֵת".
אָמְרוּ לוֹ: "מִנַּיִן אַתָּה יוֹדֵעַ"?
אָמַר לָהֶם:
"אִם שְׁגוּרָה תְּפִלָּתִי בְּפִי -
יוֹדֵעַ אֲנִי שֶׁהוּא מְקֻבָּל,
וְאִם לָאו -
יוֹדֵעַ אֲנִי שֶׁהוּא מְטֹרָף".**

רבי עובדיה מברטנורה

אִם שְׁגוּרָה תְּפִלָּתִי. סְדוּרָה **בְּפִי** בִּמְרוּצָה, וְאֵינִי נִכְשָׁל בָּהּ. **שֶׁהוּא מְטֹרָף.** שֶׁהַחוֹלֶה מְטֹרָף, כְּמוֹ "אַךְ טָרֹף טֹרָף" (בראשית מד, כח). פֵּרוּשׁ אַחֵר: לְשׁוֹן טוֹרְפִים לוֹ תְּפִלָּתוֹ בְּפָנָיו (ברכות ה, ב). כְּלוֹמַר הַתְּפִלָּה שֶׁהִתְפַּלְּלוּ עָלָיו מְטֹרֶפֶת וּטְרוּדָה מִמֶּנּוּ וְאֵינָהּ מְקֻבֶּלֶת.

משנה זו דנה בסימן לקבלת התפילה לפני ה', ומביאה מעשה על כך.

אדם יחיד **הַמִּתְפַּלֵּל וְטָעָה** בלשונו - **סִימָן רַע לוֹ**, שתפילתו אינה נשמעת וצריך לבדוק את מעשיו, **וְאִם שְׁלִיחַ צִבּוּר הוּא** וטעה בתפילת הציבור - **סִימָן רַע לְשׁוֹלְחָיו, מִפְּנֵי שֶׁשְּׁלוּחוֹ שֶׁל אָדָם כְּמוֹתוֹ** וכאילו הציבור כולו טעה.

אָמְרוּ עָלָיו, עַל רַבִּי חֲנִינָא בֶּן דּוֹסָא, שֶׁהָיָה מִתְפַּלֵּל עַל הַחוֹלִים, שה' ירפא אותם, **וְאוֹמֵר** בהחלטיות אחר תפילתו: **"זֶה חַי וְזֶה מֵת"**, חולה זה יחיה

וחולה זה ימות והתפילה לא תועיל לו. יש מפרשים שלא היה אומר בפיו ממש, כי לא ראוי להחליט על אדם שימות (תפארת ישראל).

אָמְרוּ לוֹ: "מִנַּיִן אַתָּה יוֹדֵעַ"? אָמַר לָהֶם: "יש לי סימן: **אִם שְׁגוּרָה תְּפִלָּתִי בְּפִי,** שאני מצליח להתפלל בלי טעויות או בלבול - **יוֹדֵעַ אֲנִי שֶׁהוּא** החולה **מְקֻבָּל** ורצוי ויבריא מהחולי, **וְאִם לָאו,** שאין תפילתי שגורה בפי - **יוֹדֵעַ אֲנִי שֶׁהוּא** החולה **מְטֹרָף** - שנגזר דינו של החולה למות".

רבי חנינא בן דוסא היה צדיק וחסיד וזכה שהודיעו לו מן השמים אם תפילתו מקובלת, ואין ללמוד מהסימן שלו לכל תפילותינו (צל"ח כט, ב).

פרק שישי

פרק זה עוסק בדיני ברכה ראשונה על המזון: מה מברכים על פת, יין, פירות העץ, פירות הארץ, ירקות ושאר מאכלים ומשקים. בהמשך דנים מה הדין אם טעה ובירך ברכה שאינה מתאימה על מאכל או משקה, איזו ברכה קודמת לחברתה, מתי ברכה על מאכל פוטרת מברכה נוספת, ברכה על המזון היין והמוגמר (בושם) בשעת הסעודה, דין עיקר וטפל בברכות, דין ברכה אחרונה על פירות משבעת המינים שנשתבחה בהם ארץ ישראל ונוסח הברכה על שתיית מים.

א

כֵּיצַד מְבָרְכִין עַל הַפֵּרוֹת?
עַל פֵּרוֹת הָאִילָן אוֹמֵר: "בּוֹרֵא פְּרִי הָעֵץ",
חוּץ מִן הַיַּיִן,
שֶׁעַל הַיַּיִן אוֹמֵר: "בּוֹרֵא פְּרִי הַגָּפֶן".
וְעַל פֵּרוֹת הָאָרֶץ אוֹמֵר: "בּוֹרֵא פְּרִי הָאֲדָמָה",
חוּץ מִן הַפַּת,
שֶׁעַל הַפַּת הוּא אוֹמֵר: "הַמּוֹצִיא לֶחֶם מִן הָאָרֶץ".
וְעַל הַיְּרָקוֹת אוֹמֵר: "בּוֹרֵא פְּרִי הָאֲדָמָה".
רַבִּי יְהוּדָה אוֹמֵר: "בּוֹרֵא מִינֵי דְשָׁאִים".

רבי עובדיה מברטנורה

כֵּיצַד מְבָרְכִין... חוּץ מִן הַיַּיִן. שֶׁמִּתּוֹךְ חֲשִׁיבוּתוֹ קָבְעוּ לוֹ בְּרָכָה לְעַצְמוֹ. וְכֵן **הַפַּת**. **"בּוֹרֵא מִינֵי דְשָׁאִים".** לְפִי שֶׁיֵּשׁ בִּכְלַל פְּרִי הָאֲדָמָה, דְּשָׁאִים וּזְרָעִים, כְּגוֹן קִטְנִיּוֹת, וְרַבִּי יְהוּדָה בָּעֵי הֶכֵּר בְּרָכָה לְכָל מִין וּמִין, וְאֵין הֲלָכָה כְּרַבִּי יְהוּדָה. וְהָא דִּתְנַן **עַל הַיְּרָקוֹת אוֹמֵר: "בּוֹרֵא פְּרִי הָאֲדָמָה"** – הָנֵי מִילֵּי יְרָקוֹת שֶׁדַּרְכָּן לְאָכְלָן חַיִּין וַאֲכָלָן חַיִּין, אוֹ שֶׁדַּרְכָּן לְאָכְלָן מְבֻשָּׁלִים וַאֲכָלָן מְבֻשָּׁלִים. אֲבָל אוֹתָן שֶׁדַּרְכָּן לְאָכְלָן חַיִּין וַאֲכָלָן מְבֻשָּׁלִים, אוֹ שֶׁדַּרְכָּן לְאָכְלָן מְבֻשָּׁלִים וַאֲכָלָן חַיִּין – אֵינוֹ מְבָרֵךְ עֲלֵיהֶן אֶלָּא "שֶׁהַכֹּל". וִירָקוֹת שֶׁאוֹכְלִין אוֹתָם בֵּין חַיִּין בֵּין מְבֻשָּׁלִים – מְבָרְכִין עֲלֵיהֶן "בּוֹרֵא פְּרִי הָאֲדָמָה", בֵּין חַיִּין בֵּין מְבֻשָּׁלִים.

משנה זו פותחת את דיני ברכות הנהנין ועוסקת בברכה ראשונה על מאכלים שונים: על פירות האילן, יין, פת, פירות הארץ וירקות.
בגמרא (לה, א) אמרו שחכמים תיקנו לברך לפני האכילה כדי שלא ייהנה מן העולם הזה בלא לברך את ה' על כך.

כֵּיצַד מְבָרְכִין עַל הַפֵּרוֹת, איזו ברכה מברכים על הפירות? **עַל פֵּרוֹת הָאִילָן,** כגון תפוחי עץ או תמרים, שהעץ נשאר והפירות גדלים בכל שנה, **אוֹמֵר: "בּוֹרֵא פְּרִי הָעֵץ".** יש להעיר כי התנא קיצר, וכל ברכה פותחת ב"ברוך אתה ה', אלהינו מלך העולם...".

חוּץ מִן הַיַּיִן, שֶׁעַל הַיַּיִן אוֹמֵר: "בּוֹרֵא פְּרִי הַגָּפֶן" – שמפני חשיבותו תיקנו לו ברכה מיוחדת.

וְעַל פֵּרוֹת הָאָרֶץ, כגון מלפפון, עגבנייה או אבטיח, **אוֹמֵר: "בּוֹרֵא פְּרִי הָאֲדָמָה", חוּץ מִן הַפַּת,** לחם העשוי מקמח שמקורו מחיטה או שעורה, **שֶׁעַל הַפַּת הוּא אוֹמֵר: "הַמּוֹצִיא לֶחֶם מִן הָאָרֶץ"** – מפני שהפת חשובה ומשביעה והיא עיקר הסעודה. ועל עוגות וכדומה תיקנו ברכת "בורא מיני מזונות" (והיא לא נזכרה במשנה, ראה פני יהושע לה, א).

וְעַל הַיְּרָקוֹת, כגון חסה וכרוב, שאוכלים את העלים שלהם, **אוֹמֵר: "בּוֹרֵא פְּרִי הָאֲדָמָה".**

רַבִּי יְהוּדָה אוֹמֵר: "בּוֹרֵא מִינֵי דְשָׁאִים" – ולדעתו לכל מין יש לתקן ברכה המאפיינת אותו, ועל מיני קטניות מברך "בורא מיני זרעים" (תוספתא ד, ד). ויש שפירשו שלדעתו אין ברכת "בורא פרי האדמה" כלל (שאגת אריה סי' כג).

ב בֵּרַךְ עַל פֵּרוֹת הָאִילָן: "בּוֹרֵא פְּרִי הָאֲדָמָה" –
יָצָא,
וְעַל פֵּרוֹת הָאָרֶץ: "בּוֹרֵא פְּרִי הָעֵץ" –
לֹא יָצָא.
עַל כֻּלָּם, אִם אָמַר: "שֶׁהַכֹּל נִהְיֶה בִּדְבָרוֹ" –
יָצָא.

רבי עובדיה מברטנורה

בֵּרַךְ עַל פֵּרוֹת הָאִילָן וכו'. כָּל הֵיכָא דְּכִי שָׁקְלֵי פֵּירָא אִיתֵיהּ לְעָנָף, וְאוֹתוֹ הֶעָנָף עַצְמוֹ חוֹזֵר וּמוֹצִיא פְּרִי לַשָּׁנָה הָאַחֶרֶת – מִקְּרֵי אִילָן, וּמְבָרְכִין עַל פֵּרוֹתָיו **"בּוֹרֵא פְּרִי הָעֵץ"**, אֲבָל הֵיכָא דְּכִי שָׁקְלַתְּ לֵיהּ לַפְּרִי לֹא יִשָּׁאֵר עָנָף שֶׁיַּחֲזֹר וְיוֹצִיא פְּרִי לַשָּׁנָה הָאַחֶרֶת – אֵין מְבָרְכִין עַל הַפֵּרוֹת אֶלָּא **"בּוֹרֵא פְּרִי הָאֲדָמָה"**. **וְעַל כֻּלָּן, אִם אָמַר: "שֶׁהַכֹּל" – יָצָא.** וַאֲפִלּוּ עַל הַפַּת וְעַל הַיַּיִן. וּמִיהוּ, לְכַתְּחִלָּה – אֵין לֶאֱכֹל שׁוּם פְּרִי אִם אֵינוֹ יוֹדֵעַ תְּחִלָּה שֶׁיְּבָרֵךְ עָלָיו בְּרָכָה הָרְאוּיָה לוֹ.

משנה זו עוסקת במקרה שבירך ברכה לא מתאימה על מאכל או משקה.

בֵּרַךְ עַל פֵּרוֹת הָאִילָן: "בּוֹרֵא פְּרִי הָאֲדָמָה" – יָצָא ידי חובה ואינו צריך לברך שוב "בורא פרי העץ", כיוון שהעץ עצמו, שמוציא פירות, גדל אף הוא באדמה, ולכן אם יש לו ספק על פרי מסוים אם ברכתו "עץ" או "אדמה" – יכול לברך אדמה ולצאת ידי חובה (שולחן ערוך אורח חיים רו, א).

וְעַל פֵּרוֹת הָאָרֶץ: "בּוֹרֵא פְּרִי הָעֵץ" – לֹא יָצָא, שזו ברכה שאינה מתאימה.

עַל כֻּלָּם, אפילו פת ויין, **אִם אָמַר: "שֶׁהַכֹּל נִהְיֶה בִּדְבָרוֹ" – יָצָא,** כי זו ברכה כוללת לכל המאכלים. אבל לכתחילה יש לברר מה הברכה המתאימה קודם האכילה (גמרא לה, א). ואם יש לו ספק מה לברך על מאכל מסוים, יכול לכתחילה לברך עליו "שהכל".

...בורא
פרי העץ
אבא!
"אדמה"?!

ג **עַל דָּבָר שֶׁאֵין גִּדּוּלוֹ מִן הָאָרֶץ –**
אוֹמֵר: "שֶׁהַכֹּל".
עַל הַחֹמֶץ וְעַל הַנּוֹבְלוֹת וְעַל הַגּוֹבַאי –
אוֹמֵר: "שֶׁהַכֹּל".
עַל הֶחָלָב וְעַל הַגְּבִינָה וְעַל הַבֵּיצִים –
אוֹמֵר: "שֶׁהַכֹּל".
רַבִּי יְהוּדָה אוֹמֵר:
כָּל שֶׁהוּא מִין קְלָלָה –
אֵין מְבָרְכִין עָלָיו.

רבי עובדיה מברטנורה

נוֹבְלוֹת. פֵּרוֹת שֶׁנָּפְלוּ מִן הָאִילָן קֹדֶם שֶׁנִּתְבַּשְּׁלוּ כָּל צָרְכָּן. **גּוֹבַאי.** חֲגָבִים טְהוֹרִים. **מִין קְלָלָה.** **נוֹבְלוֹת וְגוֹבַאי** – עַל יְדֵי קְלָלָה הֵן בָּאִים. וְאֵין הֲלָכָה כְּרַבִּי יְהוּדָה.

במשנה זו מבואר על מה מברכים ברכת "שהכל" והאם מברכים על דבר שהוא קללה לאדם.

עַל דָּבָר שֶׁאֵין גִּדּוּלוֹ מִן הָאָרֶץ, כגון בשר ודגים, **אוֹמֵר: "שֶׁהַכֹּל** נהיה בדברו".

עַל הַחֹמֶץ, יין שהחמיץ והתקלקל, **וְעַל הַנּוֹבְלוֹת,** תמרים שלא הבשילו ונפלו מהעץ, **וְעַל הַגּוֹבַאי,** מין חגב טהור המותר באכילה, **אוֹמֵר: "שֶׁהַכֹּל",** ואף שאלו דברים שליליים וכשרואה אותם מברך "דיין האמת", מכל מקום כשהוא אוכל אותם הוא נהנה ולכן מברך "שהכל".

עַל הֶחָלָב וְעַל הַגְּבִינָה וְעַל הַבֵּיצִים אוֹמֵר: "שֶׁהַכֹּל" – יש שלא גרסו משפט זה שכן הוא כלול במה שאמרו בתחילת המשנה "דבר שאין גידולו מן הארץ" (מלאכת שלמה).

רַבִּי יְהוּדָה אוֹמֵר: כָּל שֶׁהוּא מִין קְלָלָה, החומץ, הגובאי והנובלות, שהם נזק לאדם ועונש מהקב"ה על החטאים, כמבואר בפרשות התוכחה (דברים כח) - **אֵין מְבָרְכִין עָלָיו.**

ד **הָיוּ לְפָנָיו מִינִים הַרְבֵּה –**
רַבִּי יְהוּדָה אוֹמֵר:
אִם יֵשׁ בֵּינֵיהֶם מִמִּין שִׁבְעָה, מְבָרֵךְ עָלָיו.
וַחֲכָמִים אוֹמְרִים:
מְבָרֵךְ עַל אֵיזֶה מֵהֶן שֶׁיִּרְצֶה.

רבי עובדיה מברטנורה

מִין שִׁבְעָה. חִטָּה וּשְׂעוֹרָה וְגֶפֶן וּתְאֵנָה וְרִמּוֹן, זַיִת וּתְמָרִים, דְּהָנֵי עֲדִיפִי, הוֹאִיל וְנִשְׁתַּבְּחָה בָּהֶן אֶרֶץ יִשְׂרָאֵל. **מְבָרֵךְ עַל אֵיזֶה מֵהֶם שֶׁיִּרְצֶה.** דְּחָבִיב עָדִיף. וַהֲלָכָה כַּחֲכָמִים.

משנה זו דנה בסדר קדימה בברכות: אם מונחים כמה מאכלים על השולחן והוא רוצה לאכול את כולם, על מה יברך קודם.

הָיוּ לְפָנָיו מִינִים הַרְבֵּה, כמה סוגי מאכלים והוא רוצה לאכול את כולם, נחלקו התנאים על איזה יברך ראשון – **רַבִּי יְהוּדָה אוֹמֵר: אִם יֵשׁ בֵּינֵיהֶם מִמִּין שִׁבְעָה,** שבעת המינים: חיטה, שעורה, גפן, תאנה, רימון, זית ותמר, **מְבָרֵךְ עָלָיו,** יקדים ויברך עליו, הואיל וארץ ישראל השתבחה במינים אלו (דברים ח, ח), אנו מהדרים את פירותיה.

וַחֲכָמִים אוֹמְרִים: מְבָרֵךְ עַל אֵיזֶה מֵהֶן שֶׁיִּרְצֶה, ועדיף לברך על מה שחביב לאדם.

ה **בֵּרַךְ עַל הַיַּיִן שֶׁלִּפְנֵי הַמָּזוֹן –**
פָּטַר אֶת הַיַּיִן שֶׁלְּאַחַר הַמָּזוֹן.
בֵּרַךְ עַל הַפַּרְפֶּרֶת שֶׁלִּפְנֵי הַמָּזוֹן –
פָּטַר אֶת הַפַּרְפֶּרֶת שֶׁלְּאַחַר הַמָּזוֹן.
בֵּרַךְ עַל הַפַּת –
פָּטַר אֶת הַפַּרְפֶּרֶת,
עַל הַפַּרְפֶּרֶת –
לֹא פָּטַר אֶת הַפַּת.

בֵּית שַׁמַּאי אוֹמְרִים:
אַף לֹא מַעֲשֵׂה קְדֵרָה.

רבי עובדיה מברטנורה

פָּטַר אֶת הַיַּיִן שֶׁלְּאַחַר הַמָּזוֹן. הָנֵי מִילֵּי בְּשַׁבָּתוֹת וְיָמִים טוֹבִים, שֶׁרְגִילִים לִקְבֹּעַ עַל הַיַּיִן לְאַחַר הַמָּזוֹן, וּכְשֶׁבֵּרַךְ עַל הַיַּיִן לִפְנֵי הַמָּזוֹן – אַדַּעְתָּא דְּהָכִי בֵּרַךְ; אֲבָל בִּשְׁאָר יָמִים שֶׁאֵין רְגִילִים לִקְבֹּעַ עַצְמָן עַל הַיַּיִן לְאַחַר הַמָּזוֹן – אֵין הַיַּיִן שֶׁלִּפְנֵי הַמָּזוֹן פּוֹטֵר הַיַּיִן שֶׁלְּאַחַר הַמָּזוֹן. וְכָל **לְאַחַר הַמָּזוֹן** דִּתְנַן בְּמַתְנִיתִין, הַיְנוּ לְאַחַר שֶׁסִּלְּקוּ יְדֵיהֶם מִן הַפַּת, קֹדֶם שֶׁיְּבָרְכוּ בִּרְכַּת הַמָּזוֹן:

פַּרְפֶּרֶת. כָּל דָּבָר שֶׁמְּלַפְּתִים בּוֹ אֶת הַפַּת, כְּגוֹן: בָּשָׂר, וּבֵיצִים וְדָגִים – קְרוּיִים פַּרְפֶּרֶת. וּפְעָמִים שֶׁהָיוּ מְבִיאִים פַּרְפְּרָאוֹת קֹדֶם סְעוּדָה לְהַמְשִׁיךְ הָאֲכִילָה, וְחוֹזְרִים וּמְבִיאִים פַּרְפְּרָאוֹת אֲחֵרוֹת לְאַחַר הַסְּעוּדָה, אַחַר שֶׁמָּשְׁכוּ יְדֵיהֶם מִן הַפַּת:

מַעֲשֵׂה קְדֵרָה. כְּגוֹן הָרִיפוֹת, וְגֶרֶשׂ כַּרְמֶל, וְקֶמַח שֶׁנִּתְבַּשֵּׁל בְּמַיִם, כְּגוֹן הַלְּבִיבוֹת, וְכַיּוֹצֵא בָהֶן:

וְאִית דִּמְפָרְשֵׁי **פַּרְפֶּרֶת** דְּמַתְנִיתִין: פַּת הַצְּנוּמָה בַּקְּעָרָה שֶׁאֵין בָּהּ מַרְאֵה לֶחֶם, דִּמְבָרְכִים עָלֶיהָ "בּוֹרֵא מִינֵי מְזוֹנוֹת". וְהַשְׁתָּא נִיחָא, דְּאִצְטְרִיךְ לְאַשְׁמְעִינַן **בֵּרַךְ... עַל הַפַּרְפֶּרֶת – לֹא פָּטַר אֶת הַפַּת,** אַף עַל גַּב דְּהִיא נָמֵי מִין פַּת, אֲבָל מַעֲשֵׂה קְדֵרָה – פָּטַר. וּבֵית **שַׁמַּאי** סָבְרִי: כְּשֵׁם שֶׁאִם **בֵּרַךְ עַל הַפַּרְפֶּרֶת – לֹא פָּטַר אֶת הַפַּת** – כָּךְ לֹא פָּטַר **מַעֲשֵׂה קְדֵרָה.** וְאֵין הֲלָכָה כְּבֵית שַׁמַּאי.

במשנה זו מבואר מתי ברכה אחת בזמן הסעודה פוטרת מלברך פעם נוספת.

בשבת או ביום טוב, שבהם קובעים את הסעודה על היין בקידוש, או בסעודה אחרת שקובעים אותה על שתיית יין, אם **בֵּרַךְ עַל הַיַּיִן שֶׁלִּפְנֵי הַמָּזוֹן – פָּטַר אֶת הַיַּיִן שֶׁלְּאַחַר הַמָּזוֹן,** ששותים לאחר הסעודה, אחרי שפינו את השולחן, קודם ברכת המזון, כיוון שמתחילה הייתה דעתו שישתה יין גם אחרי הסעודה. אבל אם לא היה בדעתו לשתות אחרי הסעודה והתחרט ורוצה לשתות, צריך לברך שוב.

בזמן המשנה היו מביאים מאכלים לפני הסעודה, כגון פירות, והיו מגישים אותם גם אחרי הסעודה. אם **בֵּרַךְ עַל הַפַּרְפֶּרֶת,** מאכל שמלפתים בו את הפת (אוכלים עם הפת והוא טפל לה) כגון בשר וביצים, **שֶׁלִּפְנֵי הַמָּזוֹן – פָּטַר אֶת הַפַּרְפֶּרֶת שֶׁלְּאַחַר הַמָּזוֹן,** שאחרי הסעודה, שכן דעתו הייתה מתחילה לאכול את כל מה שיגישו, בין לפני הסעודה, בין בסעודה ובין אחריה.

אם **בֵּרַךְ עַל הַפַּת,** שהיא עיקר הסעודה – **פָּטַר אֶת הַפַּרְפֶּרֶת,** שכן פת היא עיקר הסעודה, וברכה עליה פוטרת את כל מה שמביאים לסעודה. אבל אם בירך **עַל הַפַּרְפֶּרֶת – לֹא פָּטַר אֶת הַפַּת,** שכן ברכה על הטפל אינה פוטרת את העיקר.

בֵּית שַׁמַּאי אוֹמְרִים: אַף לֹא מַעֲשֵׂה קְדֵרָה – מעשה קדירה הוא דייסה או גריסים. וסוברים בית שמאי שאם בירך על הפרפרת – לא פטר גם מעשה קדירה.

ו **הָיוּ יוֹשְׁבִין לֶאֱכוֹל –**
כָּל אֶחָד וְאֶחָד מְבָרֵךְ לְעַצְמוֹ,
הֵסֵבּוּ –
אֶחָד מְבָרֵךְ לְכֻלָּן.
בָּא לָהֶם יַיִן בְּתוֹךְ הַמָּזוֹן –
כָּל אֶחָד וְאֶחָד מְבָרֵךְ לְעַצְמוֹ,
לְאַחַר הַמָּזוֹן – אֶחָד מְבָרֵךְ לְכֻלָּם,
וְהוּא אוֹמֵר עַל הַמֻּגְמָר,
אַף עַל פִּי שֶׁאֵין מְבִיאִין אֶת הַמֻּגְמָר
אֶלָּא לְאַחַר הַסְּעוּדָה.

רבי עובדיה מברטנורה

הָיוּ יוֹשְׁבִים בְּלֹא הֲסִבָּה, וְסִימָן הוּא שֶׁלֹּא נִתְוַעֲדוּ לֶאֱכֹל יַחַד. שֶׁרְגִילִים הָיוּ כְּשֶׁמִּתְוַעֲדִים חֲבוּרוֹת אֲנָשִׁים לֶאֱכֹל, שֶׁהָיוּ מְסֻבִּים עַל הַמִּטּוֹת וְאוֹכְלִים וְשׁוֹתִים בַּהֲסִבַּת שְׂמֹאל. **כָּל אֶחָד מְבָרֵךְ לְעַצְמוֹ.** שֶׁלֹּא הָיָה לָהֶם קֶבַע סְעוּדָה בְּלֹא הֲסִבָּה. וּמִיהוּ אִם אָמְרוּ: "נֵיזִיל נֵיכוּל נַהֲמָא בְּדוּכְתָּא פְּלָן", אַף עַל פִּי שֶׁלֹּא הֵסֵבּוּ – כְּהֵסֵבּוּ דָּמִי, וְאֶחָד **מְבָרֵךְ לְכֻלָּם** וּמִצְטָרְפִין נָמֵי לְזִמּוּן:

בָּא לָהֶם יַיִן בְּתוֹךְ הַמָּזוֹן – כָּל אֶחָד מְבָרֵךְ לְעַצְמוֹ. הוֹאִיל וְאֵין בֵּית הַבְּלִיעָה פָּנוּי, וְאֵין לֵב הַמְּסֻבִּים פּוֹנֶה אֶל הַמְבָרֵךְ, אֶלָּא לִבְלֹעַ מָה שֶׁבְּפִיהֶם. אִי נָמֵי חָיְישִׁינַן שֶׁמָּא יֵחָנֵק כְּשֶׁבָּא לַעֲנוֹת "אָמֵן":

וְהוּא אוֹמֵר עַל הַמֻּגְמָר. הַמְבָרֵךְ בִּרְכַּת הַמָּזוֹן – **הוּא** מְבָרֵךְ **עַל הַמֻּגְמָר** "בּוֹרֵא עֲצֵי בְשָׂמִים". וְאַף עַל גַּב דְּאִיכָּא דְּעָדִיף מִינֵּיהּ, אֲפִלּוּ הָכִי כֵּיוָן דְּאַתְחִיל בַּחֲדָא – עָבֵיד לְאִידָךְ.

מֻגְמָר. רְגִילִין הָיוּ לְהָבִיא אַחַר הַסְּעוּדָה עֲצֵי בְשָׂמִים בְּמַחְתָּה עַל הָאֵשׁ לְרֵיחַ טוֹב:

לְאַחַר הַסְּעוּדָה. לְאַחַר בִּרְכַּת הַמָּזוֹן, דְּהַשְׁתָּא לָאו מִצָּרְכֵי הַסְּעוּדָה הוּא, אֲפִלּוּ הָכִי כֵּיוָן שֶׁהִתְחִיל בִּבְרָכוֹת אַחֲרוֹנוֹת – גּוֹמְרָן:

בתקופת המשנה נהגו שבשעת הסעודה היו מברכים על הפת, על היין ועל המוגמר (מיני בשמים). במשנה זו מבוארים דיני ברכות אלו.

הָיוּ יוֹשְׁבִין לֶאֱכוֹל, אבל לא התחברו וכל אחד לעצמו - **כָּל אֶחָד וְאֶחָד מְבָרֵךְ** על הפת **לְעַצְמוֹ,** ואין אחד מהם מוציא ידי חובה את חברו.

אבל אם **הֵסֵבּוּ,** וקבעו לשבת יחד בסעודה משותפת - **אֶחָד מְבָרֵךְ** ברכת הפת **לְכֻלָּן,** והם שומעים את ברכתו ויוצאים ידי חובה.

בָּא לָהֶם יַיִן בְּתוֹךְ הַמָּזוֹן והם רוצים לשתותו, אף שקבעו לשבת יחד - **כָּל אֶחָד וְאֶחָד מְבָרֵךְ** "בורא פרי הגפן" **לְעַצְמוֹ,** שכיוון שעסוקים באכילה, אם אחד יברך לכולם, חוששים שמא כשיענה "אמן" על ברכת היין ייחנק מהמאכל שבפיו.

את הברכה ש**לְאַחַר הַמָּזוֹן - אֶחָד מְבָרֵךְ לְכֻלָּם,** שכיוון שסיימו לאכול - אין חשש סכנה ויותר מכובד שאנשים רבים יברכו את ה' יחד. ויש שפירשו שהכוונה היא לברכת היין שלאחר המזון.

וְהוּא, מי שבירך ברכת המזון, כיוון שהתחיל במצווה אומרים לו גמור, והוא **אוֹמֵר,** מברך ברכת הריח **עַל הַמֻּגְמָר,** בשמים בעלי ריח נעים שהיו נוהגים להביא לאחר הסעודה, **אַף עַל פִּי שֶׁאֵין מְבִיאִין אֶת הַמֻּגְמָר אֶלָּא לְאַחַר הַסְּעוּדָה,** ואין הבשמים מן הדברים שקובעים עליהם חבורה, מכל מקום כיוון שישבו לסעודה, הקביעות שלהם ממשיכה גם לברכת הבשמים ואחד יכול להוציא את כולם.

ז **הֵבִיאוּ לְפָנָיו מָלִיחַ בַּתְּחִלָּה וּפַת עִמּוֹ –**
מְבָרֵךְ עַל הַמָּלִיחַ וּפוֹטֵר אֶת הַפַּת,
שֶׁהַפַּת טְפֵלָה לוֹ.
זֶה הַכְּלָל:
כָּל שֶׁהוּא עִקָּר וְעִמּוֹ טְפֵלָה –
מְבָרֵךְ עַל הָעִקָּר וּפוֹטֵר אֶת הַטְּפֵלָה.

רבי עובדיה מברטנורה

מָלִיחַ. כָּל דָּבָר מָלוּחַ. **שֶׁהַפַּת טְפֵלָה לוֹ.** מִי שֶׁאָכַל אֲכִילָה גַּסָּה מִפֵּרוֹת מְתוּקִים בְּיוֹתֵר, אוֹכֵל אַחֲרָיו דָּבָר מָלִיחַ לַחְתֹּךְ הַלֵּחוֹת הַנִּדְבָּקוֹת בְּגוּפוֹ מֵחֲמַת רֹב הַפֵּרוֹת, וּמִפְּנֵי שֶׁאֵינוֹ יָכוֹל לֶאֱכֹל הַמָּלִיחַ לְבַדּוֹ, אוֹכֵל מִן הַפַּת עִמּוֹ. אֲבָל הַמָּלִיחַ לְבַדּוֹ עִקָּר, וְהַפַּת **טְפֵלָה לוֹ:**

פעמים שמביאים לפני אדם שני מאכלים שברכותיהם שונות, ובמשנה מבואר שמברך על המאכל שהוא עיקרי לו עכשיו ולא לפי חשיבותו בדרך כלל.

הֵבִיאוּ לְפָנָיו מָלִיחַ, מאכל מלוח מאוד, כגון דג מלוח, **בַּתְּחִלָּה,** בתחילת הסעודה, **וּפַת עִמּוֹ,** עם המליח, והפת נועדה להפיג את המליחות ולא כדי להשביע – **מְבָרֵךְ עַל הַמָּלִיחַ וּפוֹטֵר אֶת הַפַּת, שֶׁהַפַּת טְפֵלָה לוֹ,** למליח. ואף שראינו במשנה ה שברכה על הפת פוטרת את שאר המאכלים, משנה זו מלמדת שפעמים הפת טפלה לגמרי לעיקר הסעודה.

זֶה הַכְּלָל: כָּל שֶׁהוּא עִקָּר וְעִמּוֹ טְפֵלָה – מְבָרֵךְ עַל הָעִקָּר וּפוֹטֵר אֶת הַטְּפֵלָה. הגדרת עיקר וטפל משתנה מאדם לאדם ומזמן לזמן. ואם אוכל את הטפל תחילה, יש אומרים שמברך שהכל ויש אומרים שמברך את ברכתו (שולחן ערוך ריב, א ומפרשים).

ח אָכַל תְּאֵנִים, עֲנָבִים וְרִמּוֹנִים –
מְבָרֵךְ אַחֲרֵיהֶן שָׁלֹשׁ בְּרָכוֹת,
דִּבְרֵי רַבָּן גַּמְלִיאֵל.
וַחֲכָמִים אוֹמְרִים:
בְּרָכָה אַחַת מֵעֵין שָׁלֹשׁ.
רַבִּי עֲקִיבָא אוֹמֵר:
אֲפִלּוּ אָכַל שֶׁלֶק וְהוּא מְזוֹנוֹ –
מְבָרֵךְ אַחֲרָיו שָׁלֹשׁ בְּרָכוֹת.

הַשּׁוֹתֶה מַיִם לִצְמָאוֹ –
אוֹמֵר: "שֶׁהַכֹּל נִהְיֶה בִּדְבָרוֹ".
רַבִּי טַרְפוֹן אוֹמֵר:
"בּוֹרֵא נְפָשׁוֹת רַבּוֹת".

רבי עובדיה מברטנורה

מְבָרֵךְ אַחֲרֵיהֶן שָׁלֹשׁ בְּרָכוֹת. דְּכָל שֶׁהוּא מִשִּׁבְעַת הַמִּינִים – **מְבָרֵךְ** אַחֲרָיו **שָׁלֹשׁ בְּרָכוֹת**, דִּסְבִירָא לֵיהּ לְרַבָּן גַּמְלִיאֵל ד"וְאָכַלְתָּ, וְשָׂבָעְתָּ וּבֵרַכְתָּ" לָאו אַלֶּחֶם בִּלְבַד קָאֵי, אֶלָּא אַכָּל שִׁבְעַת הַמִּינִין הַמֻּזְכָּרִים לְעֵיל בַּפָּרָשָׁה. וּבְהַאי קְרָא (דברים ח, י) – שָׁלֹשׁ בְּרָכוֹת רְמִיזִי, "וּבֵרַכְתָּ" – זוֹ בִּרְכַּת הַזָּן, "עַל הָאָרֶץ" – זוֹ בִּרְכַּת הָאָרֶץ, "הַטּוֹבָה" – זוֹ בּוֹנֵה יְרוּשָׁלַיִם. וְכֵן הוּא אוֹמֵר: (דברים ג, כה) "הָהָר הַטּוֹב הַזֶּה":

וַחֲכָמִים אוֹמְרִים: בְּרָכָה אַחַת מֵעֵין שָׁלֹשׁ בְּרָכוֹת. אִם עֲנָבִים, תְּאֵנִים וְרִמּוֹנִים, זֵיתִים וּתְמָרִים אָכַל – מְבָרֵךְ: "עַל הָעֵץ וְעַל פְּרִי הָעֵץ, וְעַל אֶרֶץ חֶמְדָּה טוֹבָה" וכו', וְחוֹתֵם: "עַל הָאָרֶץ וְעַל הַפֵּרוֹת". וּבְאֶרֶץ יִשְׂרָאֵל חוֹתֵם: "עַל הָאָרֶץ וְעַל פֵּרוֹתֶיהָ". וּבְרָכָה זוֹ עַצְמָהּ מְבָרֵךְ עַל הַיַּיִן, אֶלָּא שֶׁפּוֹתֵחַ בָּהּ: "עַל הַגֶּפֶן וְעַל פְּרִי הַגֶּפֶן". וְעַל כָּל דָּבָר הַנַּעֲשֶׂה מֵחֲמֵשֶׁת מִינֵי דָּגָן בִּמְקוֹם "עַל הָעֵץ וְעַל פְּרִי הָעֵץ" – אוֹמֵר: "עַל הַמִּחְיָה וְעַל הַכַּלְכָּלָה" וְחוֹתֵם: "עַל הָאָרֶץ וְעַל הַמִּחְיָה":

אֲפִלּוּ אָכַל שֶׁלֶק שֶׁל יָרָק. **וְהוּא מְזוֹנוֹ.**

שֶׁסּוֹמֵךְ עָלָיו לְמָזוֹן - **מְבָרֵךְ... שָׁלֹשׁ בְּרָכוֹת,** דִּ"וְאָכַלְתָּ וְשָׂבָעְתָּ" - אַכָּל מַאי דְּאָכַל קָאֵי. וַהֲלָכָה כַּחֲכָמִים, שֶׁאֵין מְבָרְכִין שָׁלֹשׁ בְּרָכוֹת אֶלָּא אַלֶּחֶם, וְעַל שִׁבְעַת הַמִּינִין - **בְּרָכָה אַחַת מֵעֵין שָׁלֹשׁ**, וְעַל כָּל שְׁאָר דְּבָרִים - "בּוֹרֵא נְפָשׁוֹת רַבּוֹת וְחֶסְרוֹנָן". וּפֵרוּשׁ "חֶסְרוֹנָן" כְּמוֹ לֶחֶם וּמַיִם, שֶׁאִי אֶפְשָׁר לְהִתְקַיֵּם בְּלֹא הֵם. "עַל כָּל מָה שֶׁבָּרָא לְהַחֲיוֹת בָּהֶם נֶפֶשׁ כָּל חַי", כְּלוֹמַר עַל כָּל מָה שֶׁבָּעוֹלָם, שֶׁגַּם אִם לֹא נִבְרְאוּ - יְכוֹלִין הַבְּרִיּוֹת לְהִתְקַיֵּם, וְלֹא נִבְרְאוּ כִּי אִם לְתַעֲנוּג וּלְתוֹסֶפֶת טוֹבָה. וּמִפְּנֵי שֶׁיֵּשׁ בִּבְרָכָה זוֹ שְׁנֵי עִנְיָנִים - הָוְיָא בְּרָכָה אֲרֻכָּה, וּפוֹתַחַת בְּ"בָרוּךְ" וְחוֹתֶמֶת בְּ"בָרוּךְ". כִּדְאִיתָא בִּירוּשַׁלְמִי (ו, א), שֶׁחוֹתְמִים בָּהּ: "בָּרוּךְ אַתָּה ה' חֵי הָעוֹלָמִים":

הַשּׁוֹתֶה מַיִם לִצְמָאוֹ דַּוְקָא - מְבָרֵךְ: **שֶׁהַכֹּל**. אֲבָל הַשּׁוֹתֶה מַיִם לִבְלֹעַ מַאֲכָל שֶׁנִּתְחַב לוֹ בִּגְרוֹנוֹ, וְכַיּוֹצֵא בָּזֶה - אֵינוֹ מְבָרֵךְ. **רַבִּי טַרְפוֹן אוֹמֵר: "בּוֹרֵא נְפָשׁוֹת רַבּוֹת".** מְבָרֵךְ לִפְנֵי שְׁתִיַּת הַמַּיִם. וְאֵין הֲלָכָה כְּרַבִּי טַרְפוֹן, אֶלָּא לִפְנֵיהֶם מְבָרֵךְ: "שֶׁהַכֹּל" וּלְאַחֲרֵיהֶם: "בּוֹרֵא נְפָשׁוֹת רַבּוֹת":

משנה זו דנה בברכה שמברכים אחר אכילת פרי משבעת המינים ובברכה על שתיית מים.

ברכת המזון נקראת "שלוש ברכות" משום שמן התורה יש בה שלוש ברכות: ברכת הזן, ברכת הארץ וברכת בונה ירושלים. חכמים הוסיפו ברכה רביעית - "הטוב ומטיב". וישנה ברכה אחרת שכוללת את עיקרי הברכות בקיצור והיא "מעין שלוש".

אָכַל תְּאֵנִים, עֲנָבִים וְרִמּוֹנִים או פרי אחר משבעת המינים - **מְבָרֵךְ אַחֲרֵיהֶן שָׁלֹשׁ בְּרָכוֹת,** כלומר ברכת המזון, **דִּבְרֵי רַבָּן גַּמְלִיאֵל.**

וַחֲכָמִים אוֹמְרִים: בְּרָכָה אַחַת מֵעֵין שָׁלֹשׁ - ברכת "על הארץ ועל הפירות", שהיא קיצור של שלוש הברכות של ברכת המזון. ולדעתם מברכים ברכת המזון רק על לחם.

רַבִּי עֲקִיבָא אוֹמֵר: אֲפִלּוּ אָכַל שֶׁלֶק, ירק מבושל, **וְהוּא מְזוֹנוֹ** והוא שבע מאכילה זו - **מְבָרֵךְ אַחֲרָיו שָׁלֹשׁ בְּרָכוֹת,** ברכת המזון.

למים אין טעם, ולכן אין ברכה על שתיית מים אם אינו נהנה מהם, כגון ששותה מים כדי שהם יעזרו לו לבלוע דבר אחר או לרפואה, אך **הַשּׁוֹתֶה מַיִם לִצְמָאוֹ**, מפני שהוא צמא, והמים מרווים אותו והוא נהנה מכך - **אוֹמֵר: "שֶׁהַכֹּל נִהְיֶה בִּדְבָרוֹ"**.

רַבִּי טַרְפוֹן אוֹמֵר: "בּוֹרֵא נְפָשׁוֹת רַבּוֹת". ואנו נוהגים לברך "שהכל" לפני השתייה ו"בורא נפשות" לאחריה.

פרק שביעי

חכמים תיקנו שאם שלושה אנשים או יותר ישבו לאכול יחד לחם, קודם שיברכו ברכת המזון יזמנו כהכנה לברכה, וזה כבוד לה', שרבים מברכים אותו יחד.

הזימון הוא שאחד אומר "נברך שאכלנו משלו", והשאר עונים אחריו "ברוך שאכלנו משלו". ויש אומרים שהמזמן מברך את ברכת המזון בקול רם, להוציא את שאר הסועדים ידי חובתם (שולחן ערוך ר, ב).

בפרק זה מתבארים דיני הזימון: על אכילת איזה מאכל חייבים בזימון, מי חייב בזימון, נוסח הזימון משלושה מברכים ועד ריבוא, חלוקת הסועדים לכמה קבוצות וצירוף שתי קבוצות שאכלו בנפרד לזימון אחד.

א שְׁלֹשָׁה שֶׁאָכְלוּ כְּאֶחָד חַיָּבִין לְזַמֵּן.
אָכַל דְּמַאי,
וּמַעֲשֵׂר רִאשׁוֹן שֶׁנִּטְּלָה תְּרוּמָתוֹ,
וּמַעֲשֵׂר שֵׁנִי וְהֶקְדֵּשׁ שֶׁנִּפְדּוּ,
וְהַשַּׁמָּשׁ שֶׁאָכַל כַּזַּיִת, וְהַכּוּתִי –
מְזַמְּנִין עֲלֵיהֶם.
אֲבָל אָכַל טֶבֶל,
וּמַעֲשֵׂר רִאשׁוֹן שֶׁלֹּא נִטְּלָה תְּרוּמָתוֹ,
וּמַעֲשֵׂר שֵׁנִי וְהֶקְדֵּשׁ שֶׁלֹּא נִפְדּוּ,
וְהַשַּׁמָּשׁ שֶׁאָכַל פָּחוֹת מִכַּזַּיִת, וְהַנָּכְרִי –
אֵין מְזַמְּנִין עֲלֵיהֶם.

רבי עובדיה מברטנורה

שְׁלֹשָׁה שֶׁאָכְלוּ... לְזַמֵּן. לְהִזְדַּמֵּן יַחַד, לְבָרֵךְ בִּלְשׁוֹן רַבִּים: "נְבָרֵךְ שֶׁאָכַלְנוּ מִשֶּׁלוֹ":

דְּמַאי. פֵּרוֹת עַמֵּי הָאָרֶץ קְרוּיִים דְּמַאי, כְּלוֹמַר: "דָּא מַאי"?, "מְעֻשָּׂרִין הֵן אוֹ לֹא"? לְפִי שֶׁהֵם חֲשׁוּדִים עַל הַמַּעַשְׂרוֹת, וְאָסְרוּ חֲכָמִים לֶאֱכֹל מִפֵּירוֹתֵיהֶן עַד שֶׁיְּעַשֵּׂר. וְאִם אָכַל וְלֹא עִשֵּׂר – מְבָרֵךְ עָלָיו, וְלָא הָוֵי מִצְוָה הַבָּאָה בַּעֲבֵרָה, דְּרֹב עַמֵּי הָאָרֶץ מְעַשְּׂרִים הֵם:

שֶׁנִּטְּלָה תְּרוּמָתוֹ. וְאַף עַל פִּי שֶׁלֹּא נִטְּלָה מִמֶּנּוּ תְּרוּמָה גְּדוֹלָה. כְּגוֹן בֶּן לֵוִי שֶׁהִקְדִּים אֶת הַכֹּהֵן וְלָקַח הַמַּעֲשֵׂר בְּשִׁבֳּלִים, קֹדֶם שֶׁנָּטַל הַכֹּהֵן תְּרוּמָה גְּדוֹלָה. וְהַכֹּהֵן הָיָה לוֹ לִטּוֹל תְּרוּמָה גְּדוֹלָה תְּחִלָּה אֶחָד מֵחֲמִשִּׁים, דְּרַחֲמָנָא קַרְיֵהּ "רֵאשִׁית" (דברים יח, ד). נִמְצָא תְּרוּמָה גְּדוֹלָה שֶׁל כֹּהֵן בְּתוֹךְ הַמַּעֲשֵׂר הַזֶּה אֶחָד מֵחֲמִשִּׁים שֶׁבּוֹ, לְבַד מִתְּרוּמַת מַעֲשֵׂר שֶׁעַל הַלֵּוִי לְהַפְרִישׁ תְּרוּמָה מִמַּעַשְׂרוֹ. וְאַשְׁמְעִינַן מַתְנִיתִין דְּהָכָא, דְּפָטוּר הַלֵּוִי מִלְּהַפְרִישׁ מִמֶּנּוּ תְּרוּמָה גְּדוֹלָה דִּכְתִיב (במדבר יח, כו): "וַהֲרֵמֹתֶם מִמֶּנּוּ תְּרוּמַת ה' מַעֲשֵׂר מִן הַמַּעֲשֵׂר" – מַעֲשֵׂר מִן הַמַּעֲשֵׂר אָמַרְתִּי לָךְ, וְלֹא תְּרוּמָה גְּדוֹלָה וּתְרוּמַת מַעֲשֵׂר מִן הַמַּעֲשֵׂר:

וּמַעֲשֵׂר שֵׁנִי וְהֶקְדֵּשׁ שֶׁנִּפְדּוּ. כְּגוֹן שֶׁנָּתַן אֶת הַקֶּרֶן וְלֹא נָתַן אֶת הַחֹמֶשׁ, שֶׁהַבְּעָלִים מוֹסִיפִים חֹמֶשׁ. וְקָמַשְׁמַע לָן תַּנָּא דְּאֵין חֹמֶשׁ מְעַכֵּב:

וְהַשַּׁמָּשׁ שֶׁאָכַל כַּזַּיִת. דְּמַהוּ דְּתֵימָא: כֵּיוָן שֶׁהַשַּׁמָּשׁ אֵין לוֹ קְבִיעוּת אֶלָּא הוֹלֵךְ וּבָא – אֵין מְזַמְּנִין עָלָיו, קָא מַשְׁמַע לָן. וּבְכָל הָנֵי אַשְׁמְעִינַן דְּאַף עַל גַּב דְּדָמוּ לְאִסּוּר – אֵין כָּאן בְּרָכָה בַּעֲבֵרָה:

וְהַכּוּתִי. מִן הַגּוֹיִם שֶׁהֵבִיא מֶלֶךְ אַשּׁוּר מִכּוּתָא וּמִשְּׁאָר אֲרָצוֹת וַיּוֹשֶׁב אוֹתָם בְּעָרֵי שׁוֹמְרוֹן,

וְנִתְגַּיְּרוּ מֵאֵימַת הָאֲרָיוֹת שֶׁהָיוּ אוֹכְלִים בָּהֶם כַּמְפֹרָשׁ בְּסֵפֶר מְלָכִים (ב יז, כד-מא). וְהָיוּ שׁוֹמְרִים תּוֹרָה שֶׁבִּכְתָב, וְכָל מִצְוָה שֶׁהֶחֱזִיקוּ בָהּ - מְדַקְדְּקִים בָּהּ יוֹתֵר מִיִּשְׂרָאֵל. לְפִיכָךְ הָיוּ מַאֲמִינִים בָּהֶם בִּקְצָת הַמִּצְוֹת, עַד שֶׁבָּדְקוּ אַחֲרֵיהֶם וּמָצְאוּ לָהֶם דְּמוּת יוֹנָה בְּרֹאשׁ הַר גְּרִזִּים שֶׁהָיוּ עוֹבְדִים אוֹתָהּ, וּמֵאָז עֲשָׂאוּם כְּגוֹיִם גְּמוּרִים לְכָל דִּבְרֵיהֶם, הִלְכָּךְ הָאִידָנָא - אֵין מְזַמְּנִין עַל הַכּוּתִי:

אָכַל טֶבֶל. דָּגָן שֶׁלֹּא נִטְּלָה מִמֶּנּוּ תְּרוּמָה וּמַעַשְׂרוֹת קָרוּי טֶבֶל. וּפֵרוּשׁ טֶבֶל - "טָב לָא". וְאֵין צָרִיךְ לוֹמַר טֶבֶל דְּאוֹרַיְתָא, אֶלָּא אֲפִלּוּ טֶבֶל דְּרַבָּנָן, כְּגוֹן דָּגָן שֶׁצָּמַח בְּעָצִיץ שֶׁאֵינוֹ נָקוּב שֶׁאֵינוֹ טֶבֶל אֶלָּא מִדְּרַבָּנָן - **אֵין מְזַמְּנִין עָלָיו**:

וּמַעֲשֵׂר רִאשׁוֹן שֶׁלֹּא נִטְּלָה תְּרוּמָתוֹ. לָאו תְּרוּמַת מַעֲשֵׂר קָאָמַר, דְּהַאי טֶבֶל גָּמוּר הוּא. אֶלָּא כְּגוֹן שֶׁהִקְדִּים לֵוִי אֶת הַכֹּהֵן בַּכְּרִי לְאַחַר שֶׁנִּתְמָרַח וְהֻקְבַּע לִתְרוּמָה מִן הַתּוֹרָה וְנָטַל מַעֲשֵׂר רִאשׁוֹן תְּחִלָּה, וְאֶחָד מֵחֲמִשִּׁים שֶׁבּוֹ הִיא רְאוּיָה לִתְרוּמָה גְּדוֹלָה לַכֹּהֵן. וְכָל זְמַן שֶׁלֹּא נָתַן מִמֶּנּוּ תְּרוּמָה גְּדוֹלָה זוֹ אַף עַל פִּי שֶׁהִפְרִישׁ תְּרוּמַת מַעֲשֵׂר - **אֵין מְזַמְּנִין עָלָיו.** וְאִם הָיָה מַקְדִּימוֹ בַּשִּׁבֳּלִים קֹדֶם שֶׁתִּתְמָרֵחַ - לֹא הָיָה צָרִיךְ לְהַפְרִישׁ תְּרוּמָה גְּדוֹלָה, כִּדְכְתִיבְנָן לְעֵיל:

וּמַעֲשֵׂר שֵׁנִי וְהֶקְדֵּשׁ שֶׁלֹּא נִפְדּוּ. אֵין צָרִיךְ לוֹמַר שֶׁלֹּא נִפְדּוּ כְּלָל, דְּהָא מִלְּתָא דִּפְשִׁיטָא הִיא; אֶלָּא שֶׁנִּפְדּוּ וְלֹא **נִפְדּוּ** כְּהִלְכָתָן, כְּגוֹן שֶׁפָּדָה מַעֲשֵׂר שֵׁנִי בִּגְרוּטָאוֹת שֶׁל כֶּסֶף אוֹ בְּמַטְבֵּעַ שֶׁאֵין עָלָיו צוּרָה, וְרַחֲמָנָא אָמַר (דברים יד, כה): "וְצַרְתָּ הַכֶּסֶף" - בְּדָבָר שֶׁיֵּשׁ בּוֹ צוּרָה. **וְהֶקְדֵּשׁ** שֶׁחִלְּלוֹ עַל גַּבֵּי קַרְקַע וְלֹא פְּדָאוֹ בְּכֶסֶף, וְרַחֲמָנָא אָמַר "וְנָתַן אֶת הַכֶּסֶף" (עיין ויקרא כז, יט ותוספות שבת קכח, א). **וְהַשַּׁמָּשׁ שֶׁאָכַל פָּחוֹת מִכַּזַּיִת.** מִשְׁנָה שֶׁאֵינָהּ צְרִיכָה הִיא, אֶלָּא אַיְּדֵי דַּהֲדַר לְרוּבָּא לְצָרְךָ - הֲדַר נָמֵי לְהָא. **וְהַנָּכְרִי.** בְּגֵר שֶׁמָּל וְלֹא טָבַל מַיְרֵי. וְאַשְׁמְעִינַן דְּכָל כַּמָּה דְּלֹא טָבַל - נָכְרִי הוּא, וּלְעוֹלָם אֵינוֹ גֵּר עַד שֶׁיָּמוּל וְיִטְבֹּל:

במשנה זו מבוארת חובת הזימון ועל אלו מאכלים חייבים האוכלים בזימון ועל אלו מאכלים אינם חייבים. חכמים תיקנו שאם שלושה אנשים או יותר ישבו לאכול יחד לחם, קודם שיברכו ברכת המזון יזמנו כהכנה לברכה וזה כבוד לה', שרבים מברכים אותו יחד.

כדי להבין משנה זו יש להקדים בקצרה את סדר הפרשת תרומות ומעשרות: פרי או ירק שנקטפו ונאספו נקראים 'טבל' ואסורים באכילה עד שיופרשו מהם תרומות ומעשרות.

תחילה מפריש תרומה גדולה ונותן לכוהן (כ-2 אחוזים מהתבואה).

לאחר מכן מפריש מעשר ראשון ונותן ללוי (10 אחוזים מהתבואה).

מתוך מעשר ראשון מפריש, בעל התבואה או הלוי, תרומת מעשר ונותן לכוהן.

לאחר מכן מפריש בשנים מסוימות מעשר שני (10 אחוזים מהתבואה) שאותו צריך לאכול בירושלים, ואם הוא גר רחוק מירושלים, הוא יכול לפדות את הפירות בכסף, לעלות לירושלים, לקנות בה מאכלים בכסף זה ולאכול אותם בתוך חומות ירושלים (בשנים אחרות מפריש מעשר עני ואותו מחלק לעניים שבקרבתו).

שְׁלֹשָׁה שֶׁאָכְלוּ כְּאֶחָד, הצטרפו יחד בשעת האכילה, **חַיָּבִין לְזַמֵּן** – הזימון הוא שאומרים לפני ברכת המזון "נברך שאכלנו משלו", והמזמן מברך והמסובים שומעים ויוצאים ידי חובת הברכה.

רק אם אכל דבר המותר באכילה יכולים לזמן, ולכן אם אחד מהמסובים **אָכַל דְּמַאי** – פרי שיש ספק אם הפרישו ממנו תרומות ומעשרות. בתקופת המשנה הכול היו מפרישים תרומה גדולה אך מעשר ראשון ותרומת מעשר רוב עמי הארץ לא היו מפרישים, פירות אלו נקראים דמאי, וחכמים חייבו להפריש מהם תרומת מעשר ומעשר שני, **וּמַעֲשֵׂר רִאשׁוֹן שֶׁנִּטְּלָה תְּרוּמָתוֹ** – אחרי שמפריש מעשר ראשון ללוי, בעל התבואה או הלוי צריכים להפריש ממנו עשירית ולתת לכוהן, וזו התרומה שניטלת מהמעשר, **וּמַעֲשֵׂר שֵׁנִי וְהֶקְדֵּשׁ שֶׁנִּפְדּוּ** – שהחליפו פרי של מעשר שני או הקדש תמורת כסף, ועכשיו בכסף יש קדושה והפירות חולין, **וְהַשַּׁמָּשׁ שֶׁאָכַל כַּזַּיִת** – המלצר שמגיש את המאכלים ואף שאינו נמצא בקביעות בסעודה, מכל מקום היו נוהגים לתת לו שאריות ופעמים שהיה אוכל כזית (כגודל זית בינוני) מהסעודה עצמה, **וְהַכּוּתִי** – הכותים היו אנשים שבאו מארץ כותה לשומרון על ידי סנחריב והתגיירו מפני הפחד (ראה מלכים ב יז, כד), וחכמים קבעו שגיורם תקף והם יהודים לכל דבר (בתקופה מאוחרת יותר חכמים גילו שהם המשיכו לעבוד עבודה זרה והכריעו שאינם יהודים). בכל המקרים

האלו **מְזַמְּנִין עֲלֵיהֶם,** כי מאכלים אלו מותרים באכילה והסועדים ראויים להצטרף לזימון.

אֲבָל אָכַל טֶבֶל – פרי שלא הופרשו ממנו תרומות ומעשרות, **וּמַעֲשֵׂר רִאשׁוֹן שֶׁלֹּא נִטְּלָה תְּרוּמָתוֹ** – לא הפרישו תרומת מעשר מתוך המעשר הראשון, **וּמַעֲשֵׂר שֵׁנִי וְהֶקְדֵּשׁ שֶׁלֹּא נִפְדּוּ** – והרי הפירות בקדושתם ואסורים באכילה (הקדש אסור לגמרי ומעשר שני מותר רק בתוך ירושלים), **וְהַשַּׁמָּשׁ,** או סועד אחר, **שֶׁאָכַל פָּחוֹת מִכַּזַּיִת** – ופחות מזה אינה נחשבת אכילה, **וְהַנָּכְרִי** – גוי, בכל המקרים האלו **אֵין מְזַמְּנִין עֲלֵיהֶם,** כי אין מצטרפים לזימון על אכילת מאכלים שאין מברכים עליהם, שכן הזימון הוא הכנה לברכה. ולכן אין זימון עם גוי ומי שלא אכל כזית, שהם אינם מברכים.

ב **נָשִׁים, וַעֲבָדִים, וּקְטַנִּים –**
אֵין מְזַמְּנִין עֲלֵיהֶם.
עַד כַּמָּה מְזַמְּנִין?
עַד כַּזַּיִת.
רַבִּי יְהוּדָה אוֹמֵר: עַד כַּבֵּיצָה.

רבי עובדיה מברטנורה

וּקְטַנִּים – אֵין מְזַמְּנִין עֲלֵיהֶם. דַּוְקָא קְטַנִּים שֶׁאֵין יוֹדְעִים לְמִי מְבָרְכִין. אֲבָל קָטָן הַיּוֹדֵעַ לְמִי מְבָרְכִין – מְזַמְּנִין עָלָיו. וְאִיכָּא מַרְבְּוָתָא דְּאָמְרֵי: דְּלֹא אָמְרוּ קָטָן הַיּוֹדֵעַ לְמִי מְבָרְכִין – מְזַמְּנִין עָלָיו, אֶלָּא בְּבֶן שְׁלֹשׁ עֶשְׂרֵה שָׁנָה וְיוֹם אֶחָד שֶׁלֹּא הֵבִיא שְׁתֵּי שְׂעָרוֹת, וְהוּא הַנִּקְרָא קָטָן פּוֹרֵחַ, אֲבָל בְּבָצִיר מֵהָכִי – אֵין מְזַמְּנִין עָלָיו, וַאֲפִלּוּ יוֹדֵעַ לְמִי מְבָרְכִין. וּבִירוּשַׁלְמִי (ז, ב) מַיְיתֵי הֲלָכָה לְמַעֲשֶׂה דְּאֵין מְזַמְּנִין עַל הַקָּטָן כְּלָל עַד שֶׁיַּגְדִּיל וְיָבִיא שְׁתֵּי שְׂעָרוֹת. **וְנָשִׁים** מְזַמְּנוֹת לְעַצְמָן **וַעֲבָדִים** מְזַמְּנִין לְעַצְמָן, אֲבָל נָשִׁים עִם עֲבָדִים – לֹא, מִשּׁוּם פְּרִיצוּתָא:

עַד כַּזַּיִת. וְכֵן הֲלָכָה, וְלֹא כְּרַבִּי יְהוּדָה דְּאָמַר עַד כַּבֵּיצָה.

משנה זו מבארת מי פטור מזימון ומה כמות המזון המחייבת בזימון.

נָשִׁים, וַעֲבָדִים כנענים, שדינם כאישה, **וּקְטַנִּים – אֵין מְזַמְּנִין עֲלֵיהֶם,** כלומר הם אינם מצטרפים לגברים גדולים, אך קבוצה של נשים או עבדים יכולה לזמן בפני עצמה. בגמרא (מח, א) אמרו שאם שניים אכלו והצטרף אליהם קטן שמבין את המשמעות של ברכת המזון - הוא מצטרף לזימון, אך בירושלמי (ז, א) פסקו שאין לצרף קטן לזימון.

עַד כַּמָּה מְזַמְּנִין – מה כמות המזון הקטנה ביותר המחייבת ברכת המזון וזימון? **עַד כַּזַּיִת** כגודל זית בינוני, שנאמר (דברים ח, י): "ואכלת ושבעת וברכת", ושיעור אכילה הקטן ביותר הוא כזית.

רַבִּי יְהוּדָה אוֹמֵר: עַד כַּבֵּיצָה כביצה בינונית, שלדעתו כדי להתחייב בברכת המזון וזימון צריך אכילה שיוכל לשבוע ממנה.

ג כֵּיצַד מְזַמְּנִין?
בִּשְׁלֹשָׁה – אוֹמֵר: "נְבָרֵךְ",
בִּשְׁלֹשָׁה וָהוּא – אוֹמֵר: "בָּרְכוּ".
בַּעֲשָׂרָה – אוֹמֵר: "נְבָרֵךְ לֵאלֹהֵינוּ",
בַּעֲשָׂרָה וָהוּא – אוֹמֵר: "בָּרְכוּ".
אֶחָד עֲשָׂרָה וְאֶחָד עֶשֶׂר רִבּוֹא.

בְּמֵאָה – אוֹמֵר: "נְבָרֵךְ לַה' אֱלֹהֵינוּ",
בְּמֵאָה וָהוּא – אוֹמֵר: "בָּרְכוּ".
בְּאֶלֶף – אוֹמֵר:
"נְבָרֵךְ לַה' אֱלֹהֵינוּ, אֱלֹהֵי יִשְׂרָאֵל",
בְּאֶלֶף וָהוּא – אוֹמֵר: "בָּרְכוּ".
בְּרִבּוֹא – אוֹמֵר:
"נְבָרֵךְ לַה' אֱלֹהֵינוּ, אֱלֹהֵי יִשְׂרָאֵל,
אֱלֹהֵי הַצְּבָאוֹת, יוֹשֵׁב הַכְּרוּבִים,
עַל הַמָּזוֹן שֶׁאָכַלְנוּ",
בְּרִבּוֹא וָהוּא – אוֹמֵר: "בָּרְכוּ".

כְּעִנְיָן שֶׁהוּא מְבָרֵךְ –
כָּךְ עוֹנִין אַחֲרָיו:
"בָּרוּךְ ה' אֱלֹהֵינוּ, אֱלֹהֵי יִשְׂרָאֵל, אֱלֹהֵי הַצְּבָאוֹת,
יוֹשֵׁב הַכְּרוּבִים, עַל הַמָּזוֹן שֶׁאָכַלְנוּ".

רַבִּי יוֹסֵי הַגְּלִילִי אוֹמֵר:
לְפִי רֹב הַקָּהָל הֵן מְבָרְכִין, שֶׁנֶּאֱמַר (תהלים סח, כז):
"בְּמַקְהֵלוֹת בָּרְכוּ אֱלֹהִים, אֲדֹנָי מִמְּקוֹר יִשְׂרָאֵל".

אָמַר רַבִּי עֲקִיבָא:
מָה מָּצִינוּ בְּבֵית הַכְּנֶסֶת,
אֶחָד מְרֻבִּין וְאֶחָד מֻעָטִין –
אוֹמֵר: "בָּרְכוּ אֶת ה'".
רַבִּי יִשְׁמָעֵאל אוֹמֵר:
"בָּרְכוּ אֶת ה' הַמְבֹרָךְ".

רבי עובדיה מברטנורה

בִּשְׁלֹשָׁה וְהוּא – אוֹמֵר: "בָּרְכוּ". דְּהָא בְּלָאו דִּידֵיהּ אִכָּא זִמּוּן, וְכֵן כֻּלָּם. **אֶחָד עֲשָׂרָה וְאֶחָד עֶשֶׂר רִבּוֹא.** הָךְ רֵישָׁא רַבִּי עֲקִיבָא הִיא, דְּאָמַר: **מַה מָּצִינוּ בְּבֵית הַכְּנֶסֶת** מִשֶּׁהִגִּיעוּ לַעֲשָׂרָה אֵין חִלּוּק בֵּין רַבִּים לְמוּעָטִים – הָכָא נָמֵי אֵין חִלּוּק. **בְּמֵאָה אוֹמֵר: "נְבָרֵךְ לַה' אֱלֹהֵינוּ".** הָךְ סֵיפָא כּוּלָּהּ רַבִּי יוֹסֵי הַגְּלִילִי הִיא, דְּאָמַר: **לְפִי רֹב הַקָּהָל הֵן מְבָרְכִין, שֶׁנֶּאֱמַר: "בְּמַקְהֵלוֹת בָּרְכוּ אֱלֹהִים":**

וּפְסַק הֲלָכָה: מִשְּׁלֹשָׁה וְעַד עֲשָׂרָה, וְאֵין עֲשָׂרָה בִּכְלָל – הַמְבָרֵךְ אוֹמֵר: "נְבָרֵךְ שֶׁאָכַלְנוּ מִשֶּׁלּוֹ", וְכֻלָּן עוֹנִים: "בָּרוּךְ שֶׁאָכַלְנוּ מִשֶּׁלּוֹ וּבְטוּבוֹ חָיִינוּ". וַעֲשָׂרָה אוֹ מֵעֲשָׂרָה וּלְמַעְלָה – הַמְבָרֵךְ אוֹמֵר: "נְבָרֵךְ לֵאלֹהֵינוּ שֶׁאָכַלְנוּ מִשֶּׁלּוֹ", וְכֻלָּן עוֹנִים: "בָּרוּךְ אֱלֹהֵינוּ שֶׁאָכַלְנוּ מִשֶּׁלּוֹ וּבְטוּבוֹ חָיִינוּ": **רַבִּי יִשְׁמָעֵאל אוֹמֵר: "בָּרְכוּ אֶת ה' הַמְבֹרָךְ".** וַהֲלָכָה כְּרַבִּי יִשְׁמָעֵאל:

משנה זו מבארת את סדר הזימון, מה אומר המזמן ומה עונים לו המסובים בקבוצות שונות – משלושה אנשים ועד ריבוא (עשרת אלפים).

כֵּיצַד מְזַמְּנִין? מהו לשון הזימון שאומרים המזמן והעונים לו.

בִּשְׁלֹשָׁה – אוֹמֵר: "נְבָרֵךְ שאכלנו משלו".

בִּשְׁלֹשָׁה וְהוּא, כלומר בארבעה ומעלה – **אוֹמֵר,** אם ירצה להוציא את עצמו מהכלל: **"בָּרְכוּ",** כלומר, אתם תברכו, שהרי העונים הם שלושה הראויים לזימון בלעדי המזמן.

בַּעֲשָׂרָה – אוֹמֵר: "נְבָרֵךְ לֵאלֹהֵינוּ שאכלנו משלו", שכיוון שיש עשרה, יכולים לברך בשם ה'. **בַּעֲשָׂרָה וְהוּא – אוֹמֵר: "בָּרְכוּ".**

אֶחָד עֲשָׂרָה וְאֶחָד עֶשֶׂר רִבּוֹא, מאה אלף, מעשרה ומעלה מזכיר את שם ה' בזימון, וזו שיטת ר' עקיבא כפי שמבואר בהמשך המשנה.

לעומת שיטת ר' עקיבא, ר' יוסי הגלילי סובר כי יש הבדל בנוסח הזימון כאשר הקהל גדל, וכך שיטתו: **בְּמֵאָה - אוֹמֵר: "נְבָרֵךְ לַה' אֱלֹהֵינוּ** על המזון שאכלנו" - בכל פעם שהקהל גדול משמעותית, יש להוסיף שבח לה' בזימון.

בְּמֵאָה וְהוּא - אוֹמֵר אם ירצה להוציא את עצמו מהכלל: **"בָּרְכוּ".**

בְּאֶלֶף - אוֹמֵר: "נְבָרֵךְ לַה' אֱלֹהֵינוּ, אֱלֹהֵי יִשְׂרָאֵל על המזון שאכלנו".

בְּאֶלֶף וְהוּא - אוֹמֵר אם ירצה להוציא את עצמו מהכלל: **"בָּרְכוּ".**

בְּרִבּוֹא, עשרת אלפים איש - **אוֹמֵר: "נְבָרֵךְ לַה' אֱלֹהֵינוּ, אֱלֹהֵי יִשְׂרָאֵל, אֱלֹהֵי הַצְּבָאוֹת, יוֹשֵׁב הַכְּרוּבִים, עַל הַמָּזוֹן שֶׁאָכַלְנוּ".**

בְּרִבּוֹא וְהוּא - אוֹמֵר אם ירצה להוציא את עצמו מהכלל: **"בָּרְכוּ".**

כְּעִנְיָן, כלשון וכנוסח, **שֶׁהוּא,** המזמן, **מְבָרֵךְ - כָּךְ עוֹנִין אַחֲרָיו** המסובים: **"בָּרוּךְ ה' אֱלֹהֵינוּ, אֱלֹהֵי יִשְׂרָאֵל, אֱלֹהֵי הַצְּבָאוֹת, יוֹשֵׁב הַכְּרוּבִים, עַל הַמָּזוֹן שֶׁאָכַלְנוּ".**

רַבִּי יוֹסֵי הַגְּלִילִי מסכם **ואוֹמֵר: לְפִי רֹב הַקָּהָל הֵן מְבָרְכִין, שֶׁנֶּאֱמַר: "בְּמַקְהֵלוֹת בָּרְכוּ אֱלֹהִים, אֲדֹנָי מִמְּקוֹר יִשְׂרָאֵל".**

אָמַר רַבִּי עֲקִיבָא: מַה מָּצִינוּ בְּבֵית הַכְּנֶסֶת בשעת התפילה וקריאת התורה, **אֶחָד מְרֻבִּין וְאֶחָד מֻעָטִין - אוֹמֵר: "בָּרְכוּ אֶת ה'",** ולא משנים את נוסח השבח לפי רוב הקהל, כך גם בברכת המזון. אך ר' יוסי הגלילי סובר כי בניגוד לסעודה, שבה יש קביעות והסועדים נמצאים במקומם, בבית הכנסת אנשים נכנסים ויוצאים ומספר המתפללים משתנה כל הזמן (תוספות מט, ב).

רַבִּי יִשְׁמָעֵאל אוֹמֵר: "בָּרְכוּ אֶת ה' הַמְבֹרָךְ", ועל ידי הוספת המילה "המבורך" הוא כולל את עצמו עם הציבור. ואף ר' עקיבא מודה לו שצריך לכלול את עצמו עם הציבור, אלא שסובר שאין צריך לומר "המבורך" (גמרא נ, א ורש"י).

ברוך ה' אלוהינו אלוהי ישראל אלוהי הצבאות
יושב הכרובים על המזון שאכלנו
ברוכים הבאים בשם ה'
למעמד סיום הש"ס

ד שְׁלֹשָׁה שֶׁאָכְלוּ כְּאֶחָד –
אֵינָן רַשָּׁאִין לֵחָלֵק,
וְכֵן אַרְבָּעָה, וְכֵן חֲמִשָּׁה.
שִׁשָּׁה נֶחֱלָקִין, עַד עֲשָׂרָה.
וַעֲשָׂרָה, אֵינָן נֶחֱלָקִין, עַד שֶׁיִּהְיוּ עֶשְׂרִים.

רבי עובדיה מברטנורה

אֵינָן רַשָּׁאִים לֵחָלֵק. מִכֵּיוָן שֶׁחָלָה עֲלֵיהֶם חוֹבַת זִמּוּן:

וְכֵן אַרְבָּעָה וְכֵן חֲמִשָּׁה. אֵין הַשְּׁלֹשָׁה מְזַמְּנִין לְעַצְמָן וְהַיָּחִיד יֵחָלֵק מֵהֶן, דְּאִיהוּ נָמֵי אִקְבַּע בְּחוֹבַת זִמּוּן:

שִׁשָּׁה נֶחְלָקִים כְּדֵי זִמּוּן לְכָאן וּכְדֵי זִמּוּן לְכָאן, עַד עֲשָׂרָה, אֲבָל **עֲשָׂרָה אֵין נֶחְלָקִים** דְּאִתְחַיְּבוּ לְהוּ בְּזִמּוּן שֶׁיֵּשׁ בּוֹ הַזְכָּרַת הַשֵּׁם, **עַד שֶׁיִּהְיוּ עֶשְׂרִים.** וְאָז יֵחָלְקוּ לִשְׁתֵּי חֲבוּרוֹת, אִם יִרְצוּ:

במשנה זו מבואר מתי קבוצת סועדים יכולה להתחלק לקבוצות ומתי הם חייבים לברך יחד בלי להתחלק. הכלל הוא שאם אחרי החלוקה נשארו באותו נוסח זימון שהיו לפני החלוקה – יכולים להתחלק.

שְׁלֹשָׁה שֶׁאָכְלוּ כְּאֶחָד והתחייבו בזימון – **אֵינָן רַשָּׁאִין לֵחָלֵק,** כיוון שאז לא יוכלו לזמן ואסור לאדם לבטל את חובת הזימון.

וְכֵן אַרְבָּעָה, וְכֵן חֲמִשָּׁה, כיוון שתהיה קבוצה אחת שלא תוכל לזמן.

שִׁשָּׁה נֶחֱלָקִין, שיכולים להיות בכל קבוצה שלושה שיעשו זימון לעצמם, **עַד עֲשָׂרָה** – לא כולל עשרה.

וַעֲשָׂרָה, שבזימון אומרים "נברך אלהינו", **אֵינָן נֶחֱלָקִין עַד שֶׁיִּהְיוּ עֶשְׂרִים** – ואז בכל קבוצה יהיו עשרה ושתי הקבוצות יזמנו בנוסח "נברך אלהינו". יש אומרים שאין ראוי לנהוג כך, מפני שברוב עם הדרת מלך (ב"ח קצג, ד).

ה שְׁתֵּי חֲבוּרוֹת שֶׁהָיוּ אוֹכְלוֹת בְּבַיִת אֶחָד:
בִּזְמַן שֶׁמִּקְצָתָן רוֹאִין אֵלּוּ אֶת אֵלּוּ –
הֲרֵי אֵלּוּ מִצְטָרְפִים לְזִמּוּן,
וְאִם לָאו –
אֵלּוּ מְזַמְּנִין לְעַצְמָן, וְאֵלּוּ מְזַמְּנִין לְעַצְמָן.

אֵין מְבָרְכִין עַל הַיַּיִן, עַד שֶׁיִּתֵּן לְתוֹכוֹ מַיִם,
דִּבְרֵי רַבִּי אֱלִיעֶזֶר.
וַחֲכָמִים אוֹמְרִים: מְבָרְכִין.

רבי עובדיה מברטנורה

וְאִם לָאו - אֵלּוּ מְזַמְּנִין לְעַצְמָן. וּבִזְמַן שֶׁשַּׁמָּשׁ אֶחָד מְשַׁמֵּשׁ לִשְׁתֵּי הַחֲבוּרוֹת, אַף עַל פִּי שֶׁאֵין רוֹאִים אֵלּוּ אֶת אֵלּוּ – הַשַּׁמָּשׁ מְצָרְפָן: **אֵין מְבָרְכִין עַל הַיַּיִן** "בּוֹרֵא פְּרִי הַגֶּפֶן", **עַד שֶׁיִּתֵּן לְתוֹכוֹ מַיִם.** לְפִי שֶׁהָיָה יֵינָם חָזָק מְאֹד וְלֹא הָיָה רָאוּי לִשְׁתִיָּה בְּלֹא מַיִם, הִלְכָּךְ אַכַּתִּי לָא אִשְׁתַּנֵּי לְמַעַלְיוּתָא וְלֹא זָז מִבִּרְכָתוֹ הָרִאשׁוֹנָה וּמְבָרְכִין עָלָיו: "בּוֹרֵא פְּרִי הָעֵץ", כַּעֲנָבִים. וְאֵין הֲלָכָה כְּרַבִּי אֱלִיעֶזֶר.

משנה זו דנה במקרה ששתי קבוצות אכלו בבית אחד, מתי מצטרפות לזימון ומתי לא.

שְׁתֵּי חֲבוּרוֹת, קבוצות, **שֶׁהָיוּ אוֹכְלוֹת בְּבַיִת אֶחָד**, בחדר אחד גדול בקצוות שונים: **בִּזְמַן שֶׁמִּקְצָתָן רוֹאִין אֵלּוּ אֶת אֵלּוּ**, גם אם רוב החבורה לא רואה כלל את החבורה השנייה – **הֲרֵי אֵלּוּ מִצְטָרְפִים לְזִמּוּן**, והחבורות מצטרפות גם לזימון בעשרה.

וְאִם לָאו שאינם רואים אלו את אלו כלל – **אֵלּוּ מְזַמְּנִין לְעַצְמָן, וְאֵלּוּ מְזַמְּנִין לְעַצְמָן.** ואם היה שמש שמשרת את שתי הקבוצות – יכולות להצטרף לזימון (גמרא נ, ב).

יין טבעי שלא עירבו בו מים הוא מרוכז ובעל טעם חזק, וכדי לשתותו היו מערבים (מוזגים) לתוכו מעט מים. התנאים נחלקו אם מברכים עליו ברכת הגפן במקרה שלא עירבו בו מים.

אֵין מְבָרְכִין עַל הַיַּיִן, ברכת "בורא פרי הגפן", **עַד שֶׁיִּתֵּן לְתוֹכוֹ מַיִם** וידלל את חריפותו, ועד אז אינו ראוי לשתייה כל כך ומברכים עליו "בורא פרי העץ", **דִּבְרֵי רַבִּי אֱלִיעֶזֶר.**

וַחֲכָמִים אוֹמְרִים: מְבָרְכִין עליו "בורא פרי הגפן" גם לפני שעירבו בו מים כיוון שפעמים שראוי לשתותו כמות שהוא, כגון אחרי אכילת דברים חריפים (מאירי נ, ב).

פרק שמיני

בפרק זה מובאות מחלוקות בין בית שמאי לבית הלל בנוגע לענייני הסעודה וסדריה: סדר ברכות הקידוש, נטילת ידיים ומזיגת הכוס, קינוח הידיים במפה, כיבוד (=טְאטוא) הבית, סדר ההבדלה ודיניה, היכן יברך מי שאכל ושכח לברך, וברכת היין וברכת המזון.

א **אֵלּוּ דְּבָרִים שֶׁבֵּין בֵּית שַׁמַּאי וּבֵית הִלֵּל בִּסְעוּדָה.**
בֵּית שַׁמַּאי אוֹמְרִים:
מְבָרֵךְ עַל הַיּוֹם,
וְאַחַר כָּךְ מְבָרֵךְ עַל הַיַּיִן.
וּבֵית הִלֵּל אוֹמְרִים:
מְבָרֵךְ עַל הַיַּיִן,
וְאַחַר כָּךְ מְבָרֵךְ עַל הַיּוֹם.

רבי עובדיה מברטנורה

אֵלּוּ דְּבָרִים. מְבָרֵךְ עַל הַיּוֹם. בִּתְחִלָּה קִדּוּשׁ הַיּוֹם **וְאַחַר כָּךְ מְבָרֵךְ עַל הַיַּיִן:** "בּוֹרֵא פְּרִי הַגֶּפֶן", שֶׁתְּחִלָּה קָדַשׁ הַיּוֹם, וְאַחַר כָּךְ בָּא הַיַּיִן עַל הַשֻּׁלְחָן בִּשְׁבִיל הַיּוֹם. וּכְשֵׁם שֶׁקָּדַם לִכְנִיסָה – כָּךְ קוֹדֵם לִבְרָכָה. **מְבָרֵךְ עַל הַיַּיִן** תְּחִלָּה, וְהוּא הַדִּין לִמְקַדֵּשׁ עַל הַפַּת, שֶׁהַיַּיִן אוֹ הַפַּת גּוֹרְמִים לְקִדּוּשׁ הַיּוֹם, שֶׁאִם אֵין לוֹ יַיִן אוֹ פַּת – לֹא יְקַדֵּשׁ.

משנה זו פותחת סדרה של מחלוקות בין בית שמאי לבית הלל בנוגע להנהגות בסעודה.

משנה זו דנה בסדר ברכות הקידוש בלילי שבת ויום טוב.

אֵלּוּ דְּבָרִים שֶׁבֵּין בֵּית שַׁמַּאי וּבֵית הִלֵּל בִּסְעוּדָה – בפרק זה נשנו מחלוקות בין בית שמאי לבית הלל בנוגע להנהגות בסעודה.

בלילי שבת וביום טוב אומרים את ברכת קידוש היום וברכת היין. **בֵּית שַׁמַּאי אוֹמְרִים** שהסדר הוא: **מְבָרֵךְ עַל הַיּוֹם** "אשר קידשנו במצוותיו... מקדש השבת", וביום טוב: "מקדש ישראל והזמנים", **וְאַחַר כָּךְ מְבָרֵךְ עַל הַיַּיִן** "בורא פרי הגפן". לדעתם יש להקדים את ברכת היום מפני שהיא העיקר ובגללה מברכים גם על היין.

וּבֵית הִלֵּל אוֹמְרִים שהסדר הפוך: **מְבָרֵךְ עַל הַיַּיִן, וְאַחַר כָּךְ מְבָרֵךְ עַל הַיּוֹם,** מפני שלולי היין לא היה אפשר לעשות קידוש, ועוד שברכת היין תדירה (מצויה) יותר בחיי היום-יום מאשר הקידוש, ששייך רק בשבת ויום טוב.

ב **בֵּית שַׁמַּאי אוֹמְרִים:**
נוֹטְלִין לַיָּדַיִם,
וְאַחַר כָּךְ מוֹזְגִין אֶת הַכּוֹס.
וּבֵית הִלֵּל אוֹמְרִים:
מוֹזְגִין אֶת הַכּוֹס,
וְאַחַר כָּךְ נוֹטְלִין לַיָּדַיִם.

רבי עובדיה מברטנורה

בֵּית שַׁמַּאי אוֹמְרִים: נוֹטְלִין לַיָּדַיִם וְאַחַר כָּךְ מוֹזְגִין אֶת הַכּוֹס. שֶׁאִם אַתָּה אוֹמֵר מוֹזְגִין אֶת הַכּוֹס תְּחִלָּה – גְּזֵרָה שֶׁמָּא יִטַּמְּאוּ מַשְׁקִים שֶׁנָּפְלוּ בַּאֲחוֹרֵי הַכּוֹס מֵחֲמַת הַיָּדַיִם, שֶׁהַיָּדַיִם קֹדֶם נְטִילָה – תּוֹרַת שֵׁנִי לַטֻּמְאָה יֵשׁ לָהֶן, וּמְטַמְּאִים אֶת הַמַּשְׁקִים לִהְיוֹת תְּחִלָּה, וְיַחְזְרוּ הַמַּשְׁקִים וִיטַמְּאוּ אֶת אֲחוֹרֵי הַכּוֹס. שֶׁהַמַּשְׁקִים שֶׁנִּטְמְאוּ – מְטַמְּאִים כֵּלִים מִדְּרַבָּנָן. אֶלָּא שֶׁהֵקֵלּוּ בְּטֻמְאָה זוֹ, שֶׁכְּלִי שֶׁנִּטְמְאוּ אֲחוֹרָיו בְּמַשְׁקִים טְמֵאִים – לֹא נִטְמָא תּוֹכוֹ וְלֹא יָדָיו וְלֹא אָגְנוֹ. וְסָבְרֵי בֵּית שַׁמַּאי: אָסוּר לְהִשְׁתַּמֵּשׁ בְּכוֹס שֶׁאֲחוֹרָיו טְמֵאוֹת אַף עַל פִּי שֶׁלֹּא נִטְמָא תּוֹכוֹ, גְּזֵרָה שֶׁמָּא יִנָּתְזוּ נִצוֹצוֹת מִתּוֹכוֹ עַל אֲחוֹרֵי הַכּוֹס וִיקַבְּלוּ הַמַּשְׁקִין טֻמְאָה מֵחֲמַת אֲחוֹרָיו וִיטַמְּאוּ אֶת הַיָּדַיִם. וְכֵיוָן דְּאָסוּר לְהִשְׁתַּמֵּשׁ בִּכְלִי שֶׁאֲחוֹרָיו טְמֵאוֹת – **נוֹטְלִין לַיָּדַיִם** תְּחִלָּה **וְאַחַר כָּךְ מוֹזְגִין אֶת הַכּוֹס,** כְּדֵי שֶׁלֹּא יְקַבְּלוּ הַמַּשְׁקִים שֶׁאֲחוֹרֵי הַכְּלִי טֻמְאָה מֵחֲמַת יָדַיִם, וְנִמְצְאוּ אֲחוֹרֵי הַכְּלִי טְמֵאִים מֵחֲמַת אוֹתָן מַשְׁקִים וּמִשְׁתַּמֵּשׁ בּוֹ בְּאִסּוּר:

וּבֵית הִלֵּל סָבְרֵי: אֵין אָסוּר לְהִשְׁתַּמֵּשׁ בִּכְלִי שֶׁאֲחוֹרָיו טְמֵאוֹת. הִלְכָּךְ, **מוֹזְגִים אֶת הַכּוֹס** תְּחִלָּה וְשׁוֹתִים אוֹתוֹ **וְאַחַר כָּךְ נוֹטְלִין לַיָּדַיִם.** שֶׁאִם אַתָּה אוֹמֵר: נוֹטְלִין לַיָּדַיִם תְּחִלָּה וְאַחַר כָּךְ מוֹזְגִים אֶת הַכּוֹס – גְּזֵרָה שֶׁמָּא יִהְיוּ אֲחוֹרֵי הַכּוֹס טְמֵאִים, שֶׁמֻּתָּר לְהִשְׁתַּמֵּשׁ בִּכְלִי שֶׁאֲחוֹרָיו טְמֵאִים, וְלֹא יִהְיוּ יָדָיו נְגוּבוֹת יָפֶה וִיטַמְּאוּ אֲחוֹרֵי הַכְּלִי הַמַּשְׁקִין שֶׁבְּיָדָיו. וְאוֹתָן מַשְׁקִין שֶׁנַּעֲשׂוּ תְּחִלָּה, יַחְזְרוּ וִיטַמְּאוּ אֶת הַיָּדַיִם, וְנִמְצָא אוֹכֵל בְּיָדַיִם מְסֹאָבוֹת:

במשנה זו מובאת מחלוקת בין בית שמאי לבית הלל בנוגע לקידוש, האם תחילה מוזגים את הכוס או תחילה נוטלים ידיים.

כדי להבין משנה זו יש להקדים כמה הקדמות:

א. חכמים גזרו שלפני אכילת דברים מסוימים יש ליטול את הידיים כדי להתרגל להקפיד על טהרה.

ב. כיוון שאנשים אינם שמים לב במה הידיים שלהם נוגעות, חכמים גזרו שהידיים טמאות.

ג. יש מדרגות שונות בטומאה: אב הטומאה היא טומאה חמורה, פחותה ממנה היא מדרגת ראשון לטומאה, ופחותה ממנה דרגת שני לטומאה. הידיים במדרגת שני לטומאה.

ד. כלי מטמא משקה, ומשקה מטמא כלי, אך כלי אינו מטמא ידיים. משקים לעומת זאת מטמאים ידיים, וכן ידיים מטמאות משקים.

ה. מי שנוטל ידיים מטהר אותן מטומאה, אך אם הן עדיין רטובות, הן יכולות להיטמא שוב אם משקה טמא או כלי טמא ייגע בהן.

בשבת או ביום טוב, לפני שמתחילים את הקידוש, **בֵּית שַׁמַּאי אוֹמְרִים: נוֹטְלִין לַיָּדַיִם, וְאַחַר כָּךְ מוֹזְגִין אֶת הַכּוֹס,** שופכים מעט מים ליין כדי שיהיה ראוי לשתייה. לבית שמאי, כיוון שהידיים קודם הנטילה טמאות במדרגת שני לטומאה, אם ימזוג את הכוס קודם שמטהר את ידיו, אנו חוששים שמא ייגעו הידיים במעט המשקה שיישפך מהכוס, והמשקה הזה יהיה טמא ויטמא את הכוס. אמנם הכוס כולה לא תהיה טמאה, כי חכמים הקלו שבמקרה כזה רק החלק החיצוני של הכוס יהיה טמא, אך בית שמאי סוברים כי אין להשתמש בכלי שהחלק החיצוני שלו טמא. ולכן סברו שתחילה ייטול ויטהר את ידיו כדי שהמשקה והכוס לא ייטמאו.

וּבֵית הִלֵּל אוֹמְרִים שהסדר הפוך: **מוֹזְגִין אֶת הַכּוֹס, וְאַחַר כָּךְ נוֹטְלִין לַיָּדַיִם,** ימזוג את הכוס, יעשה קידוש וישתה ואחר כך ייטול את ידיו לסעודה, מפני שהם סוברים שמותר להשתמש בכלי שהחלק החיצוני שלו טמא. אך אם ייטול את ידיו תחילה, אנו חוששים שמא לא ינגב אותן היטב, והחלק החיצוני של הכלי, שהוא טמא, יטמא את הידיים ונמצא שבשעת הסעודה ידיו לא יהיו טהורות, ונמצא שנטילת הידיים שלו לא הועילה.

ג בֵּית שַׁמַּאי אוֹמְרִים:
מְקַנֵּחַ יָדָיו בַּמַּפָּה, וּמַנִּיחָהּ עַל הַשֻּׁלְחָן.
וּבֵית הִלֵּל אוֹמְרִים: עַל הַכֶּסֶת.

רבי עובדיה מברטנורה

מְקַנֵּחַ יָדָיו בַּמַּפָּה מִנְּטִילַת מַיִם רִאשׁוֹנִים, **וּמַנִּיחָהּ עַל הַשֻּׁלְחָן** וּמְקַנֵּחַ בָּהּ יָדָיו תָּמִיד מִזֻּהֲמַת הַתַּבְשִׁיל. וְלֹא יַנִּיחֶנָּה עַל הַכֶּסֶת שֶׁהוּא יוֹשֵׁב בָּהּ – גְּזֵרָה שֶׁמָּא יִהְיֶה הַכֶּסֶת רִאשׁוֹן לַטֻּמְאָה וְיִהְיֶה מַשְׁקֶה טוֹפֵחַ בַּמַּפָּה מֵחֲמַת נִגּוּב הַיָּדַיִם, וְאוֹתוֹ מַשְׁקֶה כְּשֶׁנּוֹגֵעַ בַּכֶּסֶת נַעֲשֶׂה רִאשׁוֹן, דִּלְעוֹלָם הַמַּשְׁקִים נַעֲשׂוֹת תְּחִלָּה, וְחוֹזֵר וּמְטַמֵּא אֶת הַיָּדַיִם כְּשֶׁמְּקַנֵּחַ בָּהּ תָּמִיד בְּתוֹךְ הַסְּעוּדָה. אֲבָל בְּשֻׁלְחָן – לֵיכָּא לְמִגְזַר הָכִי, שֶׁאָסוּר לְהִשְׁתַּמֵּשׁ בְּשֻׁלְחָן שֶׁהוּא שֵׁנִי לַטֻּמְאָה:

וּבֵית הִלֵּל סָבְרֵי: מֻתָּר לְהִשְׁתַּמֵּשׁ בְּשֻׁלְחָן שֶׁהוּא שֵׁנִי לַטֻּמְאָה. הִלְכָּךְ, לֹא יַנִּיחַ הַמַּפָּה עַל הַשֻּׁלְחָן שֶׁמָּא יִטַּמְּאוּ הַמַּשְׁקִים שֶׁבַּמַּפָּה מֵחֲמַת הַשֻּׁלְחָן וְיַחְזְרוּ וִיטַמְּאוּ אֶת הָאֳכָלִים. וְאִם יַנִּיחֶנָּה **עַל הַכֶּסֶת** – אֵין לָחוּשׁ כִּי אִם שֶׁמָּא יִטַּמְּאוּ יָדָיו. מוּטָב שֶׁיִּטַּמְּאוּ יָדַיִם שֶׁאֵין לָהֶם עִקָּר מִן הַתּוֹרָה, דְּאֵין נְטִילַת יָדַיִם לְחֻלִּין מִן הַתּוֹרָה, וְלֹא יִטַּמְּאוּ אֳכָלִים שֶׁיֵּשׁ לָהֶם עִקָּר מִן הַתּוֹרָה, דְּרִאשׁוֹן עוֹשֶׂה שֵׁנִי בְּחֻלִּין מִן הַתּוֹרָה:

במשנה זו מובאת מחלוקת בין בית שמאי לבית הלל בנוגע למקום שבו מניחים את המפה (מגבת לניגוב הידיים) אחרי נטילת ידיים קודם הסעודה. כמשנה הקודמת, גם משנה זו נוגעת בדיני טומאה וטהרה.

בֵּית שַׁמַּאי אוֹמְרִים: מְקַנֵּחַ, מנגב את **יָדָיו בַּמַּפָּה**, מגבת לניגוב הידיים, **וּמַנִּיחָהּ עַל הַשֻּׁלְחָן**, מפני שאם יניחה על הכיסא והכיסא יהיה רטוב מעט במשקה טמא, המשקים יטמאו את המפה, והמפה תטמא את הידיים כאשר ינקה אותן בשעת הסעודה.

וּבֵית הִלֵּל אוֹמְרִים: יניח את המפה אחרי הניגוב **עַל הַכֶּסֶת,** כיסא או כורסה לישיבה. מפני שאם יניח אותה על השולחן, אנו חוששים שמא השולחן יהיה טמא ויטמא את המשקה שנשאר על המפה, והמשקה יטמא את המאכלים שעל השולחן.

ד **בֵּית שַׁמַּאי אוֹמְרִים:**
מְכַבְּדִין אֶת הַבַּיִת,
וְאַחַר כָּךְ נוֹטְלִין לַיָּדַיִם.
וּבֵית הִלֵּל אוֹמְרִים:
נוֹטְלִין לַיָּדַיִם,
וְאַחַר כָּךְ מְכַבְּדִין אֶת הַבַּיִת.

רבי עובדיה מברטנורה

בֵּית שַׁמַּאי אוֹמְרִים: מְכַבְּדִין אֶת הַבַּיִת. מָקוֹם שֶׁאָכְלוּ שָׁם – **מְכַבְּדִים** אוֹתוֹ מִשִּׁיּוּרֵי אוֹכָלִים שֶׁנִּתְפָּרְרוּ עָלָיו, **וְאַחַר כָּךְ נוֹטְלִים לַיָּדַיִם** מַיִם אַחֲרוֹנִים. דִּפְעָמִים שֶׁהַשַּׁמָּשׁ עַם הָאָרֶץ, וּמַנִּיחַ הַפֵּרוּרִים שֶׁיֵּשׁ בָּהֶם כַּזַּיִת. וְאִם אַתָּה אוֹמֵר: נוֹטְלִים לַיָּדַיִם תְּחִלָּה – נִמְצָא אַתָּה מַפְסִיד אֶת הָאוֹכָלִים שֶׁמַּיִם אַחֲרוֹנִים נִתָּזִים עֲלֵיהֶם וְנִמְאָסִים:

וּבֵית הִלֵּל סָבְרֵי: אָסוּר לְהִשְׁתַּמֵּשׁ בְּשַׁמָּשׁ עַם הָאָרֶץ, וְשַׁמָּשׁ תַּלְמִיד חָכָם אֵינוֹ מַנִּיחַ פֵּרוּרִים שֶׁיֵּשׁ בָּהֶן כַּזַּיִת אֶלָּא מֵסִיר אוֹתָם. וְאִם נִתָּזִים הַמַּיִם עַל גַּבֵּי פֵּרוּרִים שֶׁאֵין בָּהֶם כַּזַּיִת – אֵין בְּכָךְ כְּלוּם, דִּפֵרוּרִים שֶׁאֵין בָּהֶם כַּזַּיִת – מֻתָּר לְאַבְּדָן בַּיָּד:
וַהֲלָכָה כְּבֵית שַׁמַּאי בָּזֶה, שֶׁמֻּתָּר לְהִשְׁתַּמֵּשׁ בְּשַׁמָּשׁ עַם הָאָרֶץ:

במשנה זו מובאת מחלוקת בין בית שמאי לבית הלל בנוגע לסדר ניקיון הידיים והבית בסוף הסעודה.

בֵּית שַׁמַּאי אוֹמְרִים: מְכַבְּדִין, מטאטאים **אֶת הַבַּיִת,** מנקים את שאריות המזון שנפלו מהשולחן לרצפה בזמן הסעודה, **וְאַחַר כָּךְ נוֹטְלִין לַיָּדַיִם,** מים אחרונים לקראת ברכת המזון. בימי המשנה לא היו מקפידים על ניקיון כבימינו, ואת המים האחרונים היו שופכים על

הקרקע, ובית שמאי חששו שאם לא יטאטאו את הרצפה קודם הנטילה, המים יקלקלו את המזון שהיה מונח שם.

וּבֵית הִלֵּל אוֹמְרִים שהסדר הפוך: **נוֹטְלִין לַיָּדַיִם וְאַחַר כָּךְ מְכַבְּדִין אֶת הַבַּיִת,** ובית הלל אינם חוששים שמא יישארו חתיכות גדולות של מזון על הרצפה, כיוון שלדעתם השמש שמשרת את האנשים בסעודה יקפיד שלא יישארו שאריות מזון על הרצפה קודם נטילת ידיים. לעומתם, בית שמאי סברו שמותר להשתמש בשמש שאינו יודע הלכות והוא לא יקפיד על כך.

ה בֵּית שַׁמַּאי אוֹמְרִים:
נֵר, וּמָזוֹן, וּבְשָׂמִים, וְהַבְדָּלָה.
וּבֵית הִלֵּל אוֹמְרִים:
נֵר, וּבְשָׂמִים, וּמָזוֹן, וְהַבְדָּלָה.

בֵּית שַׁמַּאי אוֹמְרִים:
"שֶׁבָּרָא מְאוֹר הָאֵשׁ".
וּבֵית הִלֵּל אוֹמְרִים:
"בּוֹרֵא מְאוֹרֵי הָאֵשׁ".

רבי עובדיה מברטנורה

נֵר וּמָזוֹן. מִי שֶׁאָכַל בְּשַׁבָּת בְּמִנְחָה וְחָשְׁכָה לוֹ וַעֲדַיִן לֹא גָּמַר סְעוּדָתוֹ, וְאֵין לוֹ יַיִן אֶלָּא שִׁעוּר כּוֹס אֶחָד **בֵּית שַׁמַּאי אוֹמְרִים: נֵר וּמָזוֹן בְּשָׂמִים וְהַבְדָּלָה.** דְּכוּלֵּי עָלְמָא הַבְדָּלָה בַּסּוֹף, דְּאַפּוּקֵי יוֹמָא - מְאַחֲרִינַן לֵיהּ, כִּי הֵיכִי דְּלָא לֶיהֱוֵי עָלֵיהּ כְּמַשְּׂאוֹי. לֹא נֶחְלְקוּ אֶלָּא עַל הַנֵּר וְעַל הַבְּשָׂמִים, דְּבֵית **שַׁמַּאי אוֹמְרִים: נֵר וּמָזוֹן** וְאַחַר כָּךְ **בְּשָׂמִים. וּבֵית הִלֵּל אוֹמְרִים: נֵר וּבְשָׂמִים** כִּי הֲדָדֵי, דְּבִרְכוֹת שֶׁאָנוּ יְכוֹלִים לַעֲשׂוֹתָם דְּלָא מֶיהֱוֵי כְּמַשְּׂאוֹי, כְּגוֹן נֵר וּבְשָׂמִים - מְקַדְּמִינַן לְהוּ לְבִרְכַּת הַמָּזוֹן:
בֵּית שַׁמַּאי אוֹמְרִים: "שֶׁבָּרָא מְאוֹר הָאֵשׁ". "שֶׁבָּרָא" דְּמַשְׁמַע לְשֶׁעָבַר, וְלֹא "בּוֹרֵא" דְּמַשְׁמַע לְהַבָּא. **"מְאוֹר הָאֵשׁ"** וְלֹא "מְאוֹרֵי הָאֵשׁ", דַּחֲדָא נְהוֹרָא אִכָּא בְּנוּרָא:
וּבֵית הִלֵּל אוֹמְרִים: "בּוֹרֵא". נָמֵי מַשְׁמַע לְשֶׁעָבַר: **"מְאוֹרֵי הָאֵשׁ".** שֶׁהַרְבֵּה גְּוָנִים יֵשׁ בַּשַּׁלְהֶבֶת: אֲדֻמָּה לְבָנָה וִירַקְרוֹקֶת:

במשנה זו מובאות שתי מחלוקות בין בית שמאי לבית הלל בנוגע לסדר ההבדלה ונוסח ברכת הנר.

נוסף לברכת ההבדלה על כוס יין, חכמים תיקנו לברך במוצאי שבת שתי ברכות נוספות: על הנר, שכן האדם הראשון הבעיר את האש במוצאי שבת, וברכת הריח על בשמים, להרגיע את הצער על הסתלקות הנשמה היתרה שהגיעה לאדם בערב שבת (מדרש שכל טוב לפרשת בשלח).

בֵּית שַׁמַּאי אוֹמְרִים, אם האריך בסעודה שלישית עד צאת השבת והוא רוצה לכלול את ההבדלה בברכת המזון, סדר הברכות הוא: **נֵר, וּמָזוֹן,** ברכת המזון, **וּבְשָׂמִים, וְהַבְדָּלָה,** הכוללת את ברכת הגפן וברכת "המבדיל בין קודש לחול".

וּבֵית הִלֵּל אוֹמְרִים: נֵר, וּבְשָׂמִים, ולדעתם אין להפריד בין ברכת הנר לברכת הבשמים ששתיהן קשורות ליציאת השבת, **וּמָזוֹן, וְהַבְדָּלָה.** ולכל השיטות מקדימים את ברכת הנר מפני שנהנים מהאור מיד כשמביאים את הנר לשולחן ואילו מהבשמים נהנים רק כשמריחים אותם.

בגמרא (נב, א) מבואר שזו דעת רבי מאיר, אך לדעת רבי יהודה יש לברך ברכת המזון קודם ההבדלה, מפני שהחיוב של ברכת המזון היה עוד קודם שהביאו את הנר. וכן יש להקדים את ברכת הבשמים, שבאים להרגיע את הצער על הסתלקות הנשמה היתרה שהייתה בשבת, ולאחר מכן ברכת הנר, כנגד בריאת האש שהייתה במוצאי שבת.

המשנה מביאה מחלוקת נוספת בין בית שמאי לבית הלל בנוגע לנוסח ברכת האש במוצאי שבת.

בֵּית שַׁמַּאי אוֹמְרִים: "שֶׁבָּרָא מְאוֹר הָאֵשׁ" – "ברא" הוא לשון עבר, ו"מאור האש" הכוונה לעצם בריאת האש.

וּבֵית הִלֵּל אוֹמְרִים: "בּוֹרֵא מְאוֹרֵי הָאֵשׁ" – הקב"ה "בורא" כל הזמן את האש, ויש לה גוונים רבים - צהוב, לבן, אדום וכחול, ולכן יש לומר "מאורי" בלשון רבים.

ו **אֵין מְבָרְכִין:**
לֹא עַל הַנֵּר,
וְלֹא עַל הַבְּשָׂמִים שֶׁל גּוֹיִם,
וְלֹא עַל הַנֵּר,
וְלֹא עַל הַבְּשָׂמִים שֶׁל מֵתִים,
וְלֹא עַל הַנֵּר,
וְלֹא עַל הַבְּשָׂמִים שֶׁלִּפְנֵי עֲבוֹדָה זָרָה.

אֵין מְבָרְכִין עַל הַנֵּר עַד שֶׁיֵּאוֹתוּ לְאוֹרוֹ.

רבי עובדיה מברטנורה

לֹא עַל הַנֵּר וְלֹא עַל הַבְּשָׂמִים שֶׁל נָכְרִים. **נֵר** – מִשּׁוּם דְּלֹא שָׁבַת, שֶׁהַנָּכְרִי עָשָׂה מְלָאכָה לְאוֹרוֹ, וְקַיְמָא לָן: אוֹר שֶׁלֹּא שָׁבַת – אֵין מְבָרְכִין עָלָיו, הוֹאִיל וְנֶעֱבַד בּוֹ עֲבֵרָה. **וּבְשָׂמִים שֶׁל נָכְרִי**, בִּבְשָׂמִים שֶׁהֵם בִּמְסִבָּה שֶׁנָּכְרִים מְסֻבִּים בָּהּ לִסְעוּדָה מַיְרֵי. וְהָא דִּתְנַן בְּסֵיפָא: **וְלֹא עַל הַנֵּר וְלֹא עַל הַבְּשָׂמִים שֶׁל עֲבוֹדָה זָרָה** – מָה טַעַם קָאָמַר: מָה טַעַם **אֵין מְבָרְכִין עַל בְּשָׂמִים שֶׁל נָכְרִים?** לְפִי שֶׁסְּתָם מְסִבַּת נָכְרִים **לַעֲבוֹדָה זָרָה**, וְאֵין מְבָרְכִין עַל בְּשָׂמִים שֶׁל עֲבוֹדָה זָרָה:

וְלֹא עַל הַנֵּר... שֶׁל מֵתִים. דְּלָא אִתְעֲבִיד לְאוֹרָה אֶלָּא לְכָבוֹד בְּעָלְמָא. **וְלֹא עַל בְּשָׂמִים שֶׁל מֵתִים.** דְּלַעֲבוּרֵי רֵיחָא עֲבִידִי. **וְלֹא עַל נֵר וּבְשָׂמִים** דַּעֲבוֹדָה זָרָה, לְפִי שֶׁאֲסוּרִין בַּהֲנָאָה. **עַד שֶׁיֵּאוֹתוּ לְאוֹרוֹ.** שֶׁיֵּהָנוּ מֵאוֹרוֹ. וְלֹא שֶׁיֵּהָנוּ מַמָּשׁ, אֶלָּא שֶׁקָּרוֹב לוֹ כָּל כָּךְ שֶׁיּוּכַל לֵהָנוֹת אִם יִרְצֶה:

בהמשך למשנה הקודמת שעסקה בדיני הבדלה, משנה זו מפרטת על אילו נר ובשמים אסור לברך.

אֵין מְבָרְכִין לֹא עַל הַנֵּר וְלֹא עַל הַבְּשָׂמִים שֶׁל גּוֹיִם – נר של גויים אסור מפני שהדליקו אותו בשבת, ובמוצאי שבת צריך לברך על נר שלא נוצר בעבירה, ובשמים של גויים אסורים מפני שחכמים העריכו שמן הסתם הם נעשו לצורך עבודה זרה ואסורים בהנאה.

וְלֹא עַל הַנֵּר וְלֹא עַל הַבְּשָׂמִים שֶׁל מֵתִים – נר של מתים נעשה לכבוד המת ולא להאיר, ובשמים של מתים נעשו להעביר את הריח הרע של המת ולא לשם ריח טוב.

וְלֹא עַל הַנֵּר וְלֹא עַל הַבְּשָׂמִים שֶׁלִּפְנֵי עֲבוֹדָה זָרָה – מפני שמה שנעשה לעבודה זרה אסור בהנאה.

אֵין מְבָרְכִין עַל הַנֵּר עַד שֶׁיֵּאוֹתוּ לְאוֹרוֹ – ייהנו מאורו, ואין הכוונה להנאה ממש אלא שנמצאים קרוב לאש ויכולים ליהנות ממנה, ונהגו ישראל להסתכל על ציפורני הידיים לאור הנר.

ז מִי שֶׁאָכַל וְשָׁכַח וְלֹא בֵּרַךְ –
בֵּית שַׁמַּאי אוֹמְרִים:
יַחֲזֹר לִמְקוֹמוֹ וִיבָרֵךְ.
וּבֵית הִלֵּל אוֹמְרִים:
יְבָרֵךְ בִּמְקוֹם שֶׁנִּזְכַּר.

עַד אֵימָתַי הוּא מְבָרֵךְ?
עַד כְּדֵי שֶׁיִּתְעַכֵּל הַמָּזוֹן שֶׁבְּמֵעָיו.

רבי עובדיה מברטנורה

שֶׁיִּתְעַכֵּל הַמָּזוֹן שֶׁבְּמֵעָיו. כָּל זְמַן שֶׁאֵינוֹ רָעֵב מֵחֲמַת אוֹתָהּ הָאֲכִילָה – הוּא סִימָן שֶׁלֹּא נִתְעַכֵּל הַמָּזוֹן. וְדַוְקָא בְּשָׁכַח אָמְרֵי **בֵּית הִלֵּל** דְּאֵינוֹ חוֹזֵר, אֲבָל בְּמֵזִיד – דִּבְרֵי הַכֹּל יַחֲזֹר לִמְקוֹמוֹ וִיבָרֵךְ:

במשנה זו מובאת מחלוקת בין בית שמאי לבית הלל בנוגע לברכת המזון במקום הסעודה.

מִי שֶׁאָכַל לחם מחמשת מיני דגן **וְשָׁכַח וְלֹא בֵּרַךְ** ברכת המזון והלך למקום אחר – **בֵּית שַׁמַּאי אוֹמְרִים: יַחֲזֹר לִמְקוֹמוֹ** שאכל בו **וִיבָרֵךְ.**

וּבֵית הִלֵּל אוֹמְרִים: יְבָרֵךְ בִּמְקוֹם שֶׁנִּזְכַּר, ואינו צריך לחזור למקום האכילה. אך אם יצא במזיד ממקומו בלי לברך – יחזור למקומו ויברך.

עַד אֵימָתַי הוּא מְבָרֵךְ אם שכח ולא בירך? **עַד כְּדֵי שֶׁיִּתְעַכֵּל הַמָּזוֹן שֶׁבְּמֵעָיו,** כל זמן שאינו רעב מחמת האכילה, בגמרא (נג, ב) הובא פירוש אחר, ולפיו זמן זה הוא כ-72 דקות.

ח **בָּא לָהֶם יַיִן לְאַחַר הַמָּזוֹן,**
וְאֵין שָׁם אֶלָּא אוֹתוֹ הַכּוֹס –
בֵּית שַׁמַּאי אוֹמְרִים:
מְבָרֵךְ עַל הַיַּיִן,
וְאַחַר כָּךְ מְבָרֵךְ עַל הַמָּזוֹן.
וּבֵית הִלֵּל אוֹמְרִים:
מְבָרֵךְ עַל הַמָּזוֹן,
וְאַחַר כָּךְ מְבָרֵךְ עַל הַיַּיִן.

עוֹנִין: "אָמֵן" אַחַר יִשְׂרָאֵל הַמְבָרֵךְ,
וְאֵין עוֹנִין: "אָמֵן" אַחַר הַכּוּתִי הַמְבָרֵךְ,
עַד שֶׁיִּשְׁמַע כָּל הַבְּרָכָה.

רבי עובדיה מברטנורה

מְבָרֵךְ עַל הַיַּיִן, וְאַחַר כָּךְ מְבָרֵךְ עַל הַמָּזוֹן. שֶׁאֵין בִּרְכַּת הַמָּזוֹן טְעוּנָה כּוֹס. **וּבֵית הִלֵּל** סָבְרֵי: בִּרְכַּת הַמָּזוֹן טְעוּנָה כּוֹס. **עוֹנִין: "אָמֵן" אַחַר יִשְׂרָאֵל הַמְבָרֵךְ.** וְאַף עַל פִּי שֶׁלֹּא שָׁמַע הַזְכָּרַת הַשֵּׁם אֶלָּא סוֹף הַבְּרָכָה, דְּמִסְתָּמָא לַשָּׁמַיִם בֵּרַךְ. **אֶלָּא אִם כֵּן שָׁמַע כָּל הַבְּרָכָה.** שֶׁמָּא בֵּרַךְ לְהַר גְּרִזִים:

מלבד הזימון, לכבודה של ברכת המזון היו מביאים כוס של יין ומברכים עליה את ברכת המזון. במשנה זו מובאת מחלוקת בין בית שמאי לבית הלל בעניין סדר ברכת המזון וברכת היין שלאחר המזון.

בָּא לָהֶם יַיִן לְאַחַר הַמָּזוֹן, אחרי שאכלו, קודם ברכת המזון, **וְאֵין שָׁם אֶלָּא אוֹתוֹ הַכּוֹס,** והוא רוצה לשתות את היין וגם לברך ברכת המזון.

בֵּית שַׁמַּאי אוֹמְרִים: מְבָרֵךְ עַל הַיַּיִן אם ירצה, **וְאַחַר כָּךְ מְבָרֵךְ עַל הַמָּזוֹן,** וסברו שאין צורך לברך ברכת המזון על כוס יין.

וּבֵית הִלֵּל אוֹמְרִים: מְבָרֵךְ עַל הַמָּזוֹן, וְאַחַר כָּךְ מְבָרֵךְ עַל הַיַּיִן, וסברו שיש לברך ברכת המזון על כוס יין, לכבוד הברכה.

הכותים היו גרים שהתגיירו מפחד, וחכמים בדקו מדי פעם את גיורם, אם הם שומרים על אמונתם או לא (ראה לעיל ז, א). במשנה מבואר מתי עונים "אמן" אחרי ברכה שלהם.

עוֹנִין: "אָמֵן" אַחַר יִשְׂרָאֵל הַמְבָרֵךְ, גם אם לא שמע את תחילת הברכה, כי מן הסתם מברך לשם ה', **וְאֵין עוֹנִין: "אָמֵן" אַחַר הַכּוּתִי הַמְבָרֵךְ, עַד שֶׁיִּשְׁמַע כָּל הַבְּרָכָה,** מתחילתה ועד סופה, שמא תחילת הברכה הייתה לשם עבודה זרה, שכן הכותים לא התגיירו מתוך אמונה בתורה אלא מחמת הפחד, וחכמים לא סמכו עליהם, ולכן יש לשמוע מפיהם את כל הברכה.

פרק תשיעי

בפרק זה מובאות ברכות על אירועים שונים בעולם שחכמים תיקנו כדי להודות לה' על גדולתו, על בריאתו את העולם ועל ההשגחה על ברואיו: ברכה על מקום שנעשו בו ניסים, ברכה על תופעות טבע שונות, ברכה על בית וכלים חדשים, תפילת שווא, ברכה על כניסה לעיר גדולה ויציאה ממנה. בהמשך מובא שחובה לברך על מקרה רע שאירע לו כשם שמברך על מקרה טוב ומסיימים בדיני העלייה להר הבית וברכת שלום שבין אדם לחברו.

א **הָרוֹאֶה מָקוֹם שֶׁנַּעֲשׂוּ בוֹ נִסִּים לְיִשְׂרָאֵל –**
אוֹמֵר: "בָּרוּךְ שֶׁעָשָׂה נִסִּים לַאֲבוֹתֵינוּ בַּמָּקוֹם הַזֶּה".
מָקוֹם שֶׁנֶּעֶקְרָה מִמֶּנּוּ עֲבוֹדָה זָרָה –
אוֹמֵר: "בָּרוּךְ שֶׁעָקַר עֲבוֹדָה זָרָה מֵאַרְצֵנוּ".

רבי עובדיה מברטנורה

הָרוֹאֶה מָקוֹם שֶׁנַּעֲשׂוּ בוֹ נִסִּים. כְּגוֹן מַעְבְּרוֹת יַם סוּף, וְנַחֲלֵי אַרְנוֹן, וּמַעְבְּרוֹת הַיַּרְדֵּן, וְאֶבֶן שֶׁיָּשַׁב עָלֶיהָ מֹשֶׁה עָלָיו הַשָּׁלוֹם כְּשֶׁעָשָׂה מִלְחָמָה בַּעֲמָלֵק וְדוֹמֵיהֶן. וְאַנִּסָּא דְּרַבִּים כְּגוֹן הָנֵי דְּאָמְרִינַן – מְחַיְּבֵי כּוּלֵּי עָלְמָא לְבָרוֹכֵי. אֲבָל אַנִּסָּא דְּיָחִיד, כְּגוֹן הָרוֹאֶה מָקוֹם שֶׁנַּעֲשָׂה לוֹ בּוֹ נֵס – אִיהוּ חַיָּב לְבָרוֹכֵי: "בָּרוּךְ שֶׁעָשָׂה לִי נֵס בַּמָּקוֹם הַזֶּה". וּבְנוֹ וּבֶן בְּנוֹ חַיָּבִים לְבָרֵךְ: "בָּרוּךְ שֶׁעָשָׂה נֵס לַאֲבוֹתַי בַּמָּקוֹם הַזֶּה". וְכָל הָנֵי בְּרָכוֹת דְּמַתְנִיתִין בָּעוּ הַזְכָּרַת שֵׁם וּמַלְכוּת, דְּכָל בְּרָכָה שֶׁאֵין בָּהּ הַזְכָּרַת הַשֵּׁם וּמַלְכוּת – אֵינָהּ בְּרָכָה:

חכמים תיקנו שיש לשבח את ה' במקומות שבהם מתגלית השגחתו בעולם. במשנה זו מבואר שיש לברך ברכה מיוחדת במקום שנעשה בו נס ובמקום שנעקרה ממנו עבודה זרה.

הָרוֹאֶה מָקוֹם שֶׁנַּעֲשׂוּ בוֹ נִסִּים לְיִשְׂרָאֵל, כגון ים סוף במקום שנקרע לפני בני ישראל ביציאת מצרים או במקום שבו נקרע הירדן כשנכנסו לארץ (לדוגמאות נוספות ראה ברטנורה) – **אוֹמֵר: "בָּרוּךְ** אתה ה' אלהינו מלך העולם **שֶׁעָשָׂה נִסִּים לַאֲבוֹתֵינוּ בַּמָּקוֹם הַזֶּה",** שנזכר בתשועת ה' שמשגיח על ישראל על ידי ניסים שעושה לנו. ואם נעשה לו נס פרטי אומר באותו מקום: "ברוך שעשה לי נס במקום הזה" (גמרא נד, א).

אם ראה בארץ ישראל **מָקוֹם שֶׁנֶּעֶקְרָה,** הסתלקה, **מִמֶּנּוּ עֲבוֹדָה זָרָה – אוֹמֵר: "בָּרוּךְ שֶׁעָקַר עֲבוֹדָה זָרָה מֵאַרְצֵנוּ".** ובחוץ לארץ מברך: "ברוך שעקר עבודה זרה ממקום זה".

בָּרוּךְ אתה ה'
אלקינו מלך העולם
שֶׁעָשָׂה נִסִּים לַאֲבוֹתֵינוּ
בַּמָּקוֹם הַזֶּה

ב עַל הַזִּיקִין, וְעַל הַזְּוָעוֹת,
וְעַל הַבְּרָקִים, וְעַל הָרְעָמִים, וְעַל הָרוּחוֹת –
אוֹמֵר: "בָּרוּךְ שֶׁכֹּחוֹ וּגְבוּרָתוֹ מָלֵא עוֹלָם".

עַל הֶהָרִים, וְעַל הַגְּבָעוֹת,
וְעַל הַיַּמִּים, וְעַל הַנְּהָרוֹת, וְעַל הַמִּדְבָּרוֹת –
אוֹמֵר: "בָּרוּךְ עוֹשֵׂה מַעֲשֵׂה בְרֵאשִׁית".
רַבִּי יְהוּדָה אוֹמֵר:
הָרוֹאֶה אֶת הַיָּם הַגָּדוֹל –
אוֹמֵר: "בָּרוּךְ שֶׁעָשָׂה אֶת הַיָּם הַגָּדוֹל",
בִּזְמַן שֶׁרוֹאֶה אוֹתוֹ לִפְרָקִים.

עַל הַגְּשָׁמִים, וְעַל הַבְּשׂוֹרוֹת הַטּוֹבוֹת –
אוֹמֵר: "בָּרוּךְ הַטּוֹב וְהַמֵּטִיב",
וְעַל שְׁמוּעוֹת רָעוֹת –
אוֹמֵר: "בָּרוּךְ דַּיַּן הָאֱמֶת".

רבי עובדיה מברטנורה

זִיקִים. כּוֹכָב הַנִּרְאֶה כְּמוֹ שֶׁפּוֹתֵחַ הָרָקִיעַ וְיוֹרֶה כְּחֵץ מִמָּקוֹם לְמָקוֹם. אִי נָמֵי: כּוֹכָב שֶׁנִּרְאֶה כְּמוֹ שֶׁיֵּשׁ לוֹ זָנָב אָרֹךְ. **זְוָעוֹת.** שֶׁהָאָרֶץ מִזְדַּעְזַעַת וְרוֹעֶשֶׁת. **רְעָמִים.** קוֹל הַנִּשְׁמָע בָּרָקִיעַ מֵעֲנָנִים שֶׁשּׁוֹפְכִים מַיִם מִזֶּה לָזֶה, כְּמָה דְּתֵימָא (ירמיה נא, טז): "לְקוֹל תִּתּוֹ הֲמוֹן מַיִם בַּשָּׁמַיִם". **וְעַל הָרוּחוֹת.** שֶׁבָּאִים בִּסְעָרָה וְזַעַף, וְאֵינָם מְצוּיִים אֶלָּא לִפְרָקִים. **בָּרוּךְ שֶׁכֹּחוֹ מָלֵא עוֹלָם".** וְאִי בָּעֵי מְבָרֵךְ: "בָּרוּךְ עוֹשֶׂה מַעֲשֵׂה בְרֵאשִׁית", שֶׁכָּל אֵלּוּ מַעֲשֵׂה בְרֵאשִׁית הֵם דִּכְתִיב (ירמיה נא, טז): "בְּרָקִים לַמָּטָר עָשָׂה". אֲבָל **עַל הֶהָרִים וְעַל הַגְּבָעוֹת וכו' – אוֹמֵר: "עוֹשֶׂה מַעֲשֵׂה בְרֵאשִׁית"** דַּוְקָא, דְּלָא מָצֵי לְבָרוֹכֵי עֲלַיְהוּ: "שֶׁכֹּחוֹ מָלֵא עוֹלָם", שֶׁאֵינָן נִרְאִים בְּרֹב הָעוֹלָם, אֶלָּא כָּל אֶחָד וְאֶחָד בִּמְקוֹמוֹ:

הַיָּם הַגָּדוֹל. יָם אוֹקְיָנוֹס שֶׁמַּקִּיף הָעוֹלָם. **בָּרוּךְ שֶׁעָשָׂה אֶת הַיָּם הַגָּדוֹל.** שֶׁמִּתּוֹךְ גָּדְלוֹ וַחֲשִׁיבוּתוֹ – קוֹבֵעַ בְּרָכָה לְעַצְמוֹ. **לִפְרָקִים.** מִשְּׁלֹשִׁים יוֹם לִשְׁלֹשִׁים יוֹם:

עַל הַגְּשָׁמִים וכו'. מְבָרֵךְ: **"הַטּוֹב וְהַמֵּטִיב",** וְהוּא דְּאִית לֵיהּ אַרְעָא בְּשֻׁתָּפוּת עִם אַחֲרִינֵי, דְּהָכִי מַשְׁמַע "הַטּוֹב וְהַמֵּטִיב" – "הַטּוֹב" לְדִידֵיהּ,

"וְהַמֵּטִיב" לְאַחֲרִינִי. אֲבָל כִּי לֵית לֵיהּ אַרְעָא כְּלָל – אוֹמֵר: "מוֹדִים אֲנַחְנוּ לְךָ ה' אֱלֹהֵינוּ עַל כָּל טִפָּה וְטִפָּה שֶׁהוֹרַדְתָּ לָנוּ" וכו'. וְאִם יֵשׁ לוֹ קַרְקַע לְבַדּוֹ – מְבָרֵךְ: "שֶׁהֶחֱיָנוּ":

במשנה זו מבוארות ברכות על תופעות טבע ועל שמועות טובות או רעות, שחכמים תיקנו שיש לברך אותן כדי להראות את גדולת ה' בעולם והשגחתו על ברואיו.

עַל הַזִּיקִין, כוכבי שביט שנופלים בשמים, **וְעַל הַזְּוָעוֹת,** רעידות אדמה, **וְעַל הַבְּרָקִים, וְעַל הָרְעָמִים, וְעַל הָרוּחוֹת,** רוחות חזקות במיוחד כמו טייפון או הוריקן – **אוֹמֵר: "בָּרוּךְ שֶׁכֹּחוֹ וּגְבוּרָתוֹ מָלֵא עוֹלָם",** שמתופעות אלו ניכרים

כוחו וגבורתו של הקדוש ברוך הוא בטבע. ויכול גם לברך "עושה מעשה בראשית", שהן מנפלאות הבריאה.

עַל הֶהָרִים המשונים או הגבוהים במיוחד, **וְעַל הַגְּבָעוֹת, וְעַל הַיַּמִּים, וְעַל הַנְּהָרוֹת** הרחבים או הגדולים במיוחד, ויש אומרים שהברכה היא דווקא על הנהרות המוזכרים בתורה, כגון פרת או חידקל, **וְעַל הַמִּדְבָּרוֹת** – אם הם משונים וניכרת בהם גבורת הבורא **אוֹמֵר: "בָּרוּךְ עוֹשֶׂה מַעֲשֵׂה בְרֵאשִׁית".**

עושה מעשה בראשית

רַבִּי יְהוּדָה אוֹמֵר: הָרוֹאֶה אֶת הַיָּם הַגָּדוֹל, האוקיינוסים הגדולים, ויש אומרים גם על הים התיכון, שזהו הים שחכמים המוכר והידוע - **אוֹמֵר: "בָּרוּךְ שֶׁעָשָׂה אֶת הַיָּם הַגָּדוֹל", בִּזְמַן שֶׁרוֹאֶה אוֹתוֹ לִפְרָקִים,** פעם בשלושים יום.

עַל הַגְּשָׁמִים שירדו בזמן שצריכים להם, **וְעַל הַבְּשׂוֹרוֹת הַטּוֹבוֹת** לו ולאחרים - **אוֹמֵר: "בָּרוּךְ הַטּוֹב וְהַמֵּטִיב",** כגון שיש לו שדה בשותפות, ושניהם נהנים מהגשם, שמצמיח את התבואה. ואם יש לו שדה בלי שותף מברך "שהחיינו".

וְעַל שְׁמוּעוֹת רָעוֹת, כגון שנשרף רכושו או מת לו קרוב - **אוֹמֵר: "בָּרוּךְ דַּיַּן הָאֱמֶת",** ועניינה של הברכה הוא להצדיק את דינו של הקב"ה שהוא שופט צדק.

ג בָּנָה בַּיִת חָדָשׁ, וְקָנָה כֵּלִים חֲדָשִׁים –
אוֹמֵר: "בָּרוּךְ שֶׁהֶחֱיָנוּ".

מְבָרֵךְ עַל הָרָעָה מֵעֵין הַטּוֹבָה,
וְעַל הַטּוֹבָה מֵעֵין הָרָעָה.

הַצּוֹעֵק לְשֶׁעָבַר –
הֲרֵי זוֹ תְּפִלַּת שָׁוְא.
כֵּיצַד?
הָיְתָה אִשְׁתּוֹ מְעֻבֶּרֶת,
וְאָמַר: "יְהִי רָצוֹן שֶׁתֵּלֵד אִשְׁתִּי זָכָר" –
הֲרֵי זוֹ תְּפִלַּת שָׁוְא.
הָיָה בָא בַּדֶּרֶךְ, וְשָׁמַע קוֹל צְוָחָה בָּעִיר,
וְאָמַר: "יְהִי רָצוֹן שֶׁלֹּא יִהְיוּ אֵלּוּ בְּנֵי בֵיתִי" –
הֲרֵי זוֹ תְּפִלַּת שָׁוְא.

רבי עובדיה מברטנורה

בָּנָה בַּיִת חָדָשׁ וְקָנָה כֵּלִים חֲדָשִׁים. בֵּין יֵשׁ לוֹ כַּיּוֹצֵא בָּהֶן, בֵּין אֵין לוֹ כַּיּוֹצֵא בָּהֶן – מְבָרֵךְ "שֶׁהֶחֱיָנוּ":

עַל הָרָעָה מֵעֵין הַטּוֹבָה. מְפָרֵשׁ בַּגְּמָרָא, כְּגוֹן שֶׁצָּפוּ מַיִם עַל אַרְצוֹ וְשָׁטְפוּ תְּבוּאָתוֹ שֶׁל שָׁנָה זוֹ, אַף עַל פִּי שֶׁרָווּ הַמַּיִם פְּנֵי הָאֲדָמָה וְנַעֲשֵׂית שָׂדֵהוּ מְשֻׁבַּחַת לַשָּׁנִים הַבָּאוֹת – הָשְׁתָּא מִיהָא רָעָה הִיא, וּמְבָרֵךְ דַּיַּן הָאֱמֶת:

וְעַל הַטּוֹבָה מֵעֵין הָרָעָה. כְּגוֹן דְּאַשְׁכַּח מְצִיאָה, אַף עַל גַּב דְּרָעָה הִיא, דְּאִי שָׁמַע בָּהּ מַלְכָּא, חוֹבְטוֹ בְּמַכּוֹת וְיִסּוּרִין וְשָׁקֵיל לָהּ מִנֵּיהּ – הָשְׁתָּא מִיהָא טוֹבָה הִיא, וּמְבָרֵךְ: "הַטּוֹב וְהַמֵּטִיב":

הַצּוֹעֵק לְשֶׁעָבַר. הַמִּתְפַּלֵּל עַל מָה שֶׁכְּבָר הָיָה – **הֲרֵי זוֹ תְּפִלַּת שָׁוְא,** דְּמַאי דַּהֲוָה – הֲוָה:

במשנה זו מבוארים דיני ברכת שהחיינו, ברכה על דברים טובים או רעים ותפילת שווא.

בָּנָה או קנה **בַּיִת חָדָשׁ, וְקָנָה כֵּלִים,** בגדים או כלי תשמיש, **חֲדָשִׁים,** אפילו אם יש לו כבר בית או כלים, והוא שמח בהם - **אוֹמֵר: "בָּרוּךְ שֶׁהֶחֱיָנוּ** וקיימנו והגיענו לזמן הזה", ואם אנשים נוספים נהנים מהבית והכלים יברך "הטוב והמטיב" (תפארת ישראל).

מְבָרֵךְ עַל הָרָעָה מֵעֵין הַטּוֹבָה – אם אירע לו דבר רע מברך עליו "דיין האמת" אף שסופו לטובה, כגון שהיה שיטפון בשדה שלו והיבול שלו נהרס אך המים שחדרו לאדמה השביחו אותה והיבול של השנים הבאות יהיה טוב יותר. **וְעַל הַטּוֹבָה מֵעֵין הָרָעָה –** אם אירע לו דבר טוב מברך עליו "שהחיינו" אף שסופו לרעה, כגון שמצא כסף רב אך הוא חושש שנוכלים ועבריינים יתנכלו לו. המשנה מלמדת שיש לברך על מה שאירע עכשיו ולא להביט על העתיד כי הדברים יכולים להשתנות.

הַצּוֹעֵק בתפילה לה' **לְשֶׁעָבַר**, על מה שכבר היה – **הֲרֵי זוֹ תְּפִלַּת שָׁוְא**, והיא אינה מועילה דבר, ואין לסמוך על נס שייעשה וישנה סדרי עולם (גר"א).

כֵּיצַד? הָיְתָה אִשְׁתּוֹ מְעֻבֶּרֶת, וְאָמַר: "יְהִי רָצוֹן שֶׁתֵּלֵד אִשְׁתִּי זָכָר" – הֲרֵי זוֹ תְּפִלַּת שָׁוְא, כיוון שמין הוולד כבר נקבע, למרות שהוא אינו יודע אותו.

הָיָה בָא בַדֶּרֶךְ, וְשָׁמַע קוֹל צְוָחָה בָעִיר, וחשש שאחד מבני ביתו נפגע, **וְאָמַר: "יְהִי רָצוֹן שֶׁלֹּא יִהְיוּ אֵלּוּ בְּנֵי בֵיתִי" – הֲרֵי זוֹ תְּפִלַּת שָׁוְא.**

ד **הַנִּכְנָס לְכְרַךְ –**
מִתְפַּלֵּל שְׁתַּיִם,
אַחַת בִּכְנִיסָתוֹ וְאַחַת בִּיצִיאָתוֹ.
בֶּן עַזַּאי אוֹמֵר: אַרְבַּע,
שְׁתַּיִם בִּכְנִיסָתוֹ וּשְׁתַּיִם בִּיצִיאָתוֹ.
וְנוֹתֵן הוֹדָאָה לְשֶׁעָבַר,
וְצוֹעֵק לֶעָתִיד לָבֹא.

רבי עובדיה מברטנורה

שְׁתַּיִם בִּכְנִיסָתוֹ וּשְׁתַּיִם בִּיצִיאָתוֹ. בִּכְנִיסָתוֹ אוֹמֵר: "שֶׁתַּכְנִיסֵנִי לִכְרַךְ זֶה לְשָׁלוֹם". נִכְנַס – אוֹמֵר: "מוֹדֶה אֲנִי לְפָנֶיךָ שֶׁהִכְנַסְתַּנִי לִכְרַךְ זֶה לְשָׁלוֹם", הֲרֵי שְׁתַּיִם בִּכְנִיסָתוֹ. בִּקֵּשׁ לָצֵאת – אוֹמֵר: "שֶׁתּוֹצִיאֵנִי מִכְּרַךְ זֶה לְשָׁלוֹם". לְאַחַר שֶׁיָּצָא – אוֹמֵר: "מוֹדֶה אֲנִי לְפָנֶיךָ שֶׁהוֹצֵאתַנִי מִכְּרַךְ זֶה לְשָׁלוֹם". וְכָל כָּךְ לָמָּה? מִפְּנֵי שֶׁצָּרִיךְ שֶׁיִּתֵּן אָדָם **הוֹדָאָה** לְבוֹרְאוֹ עַל מָה **שֶׁעָבַר** עָלָיו מִן הַטּוֹב, וְיִתְפַּלֵּל עַל **הֶעָתִיד** שֶׁתָּבֹא לוֹ טוֹבָה:

אחרי שהמשנה הקודמת עסקה בגנות התפילה לשעבר, במשנה זו מבואר שלפני שאדם נכנס לעיר גדולה שיש בה סכנות הוא מתפלל על העתיד להיות וכשיוצא מהעיר מודה על שלא ניזוק.

הַנִּכְנָס לִכְרַךְ, עיר גדולה שיש בה סכנה מצד אנשי השלטון, מצד בני העיר העבריינים וכן סכנות רוחניות אחרות – **מִתְפַּלֵּל שְׁתַּיִם,** שתי תפילות, אחת בקשה ואחת הודאה, ולא כתפילות הקבע שתיקנו חכמים שלוש פעמים ביום, **אַחַת בִּכְנִיסָתוֹ,** מתפלל שלא יארע לו דבר רע, **וְאַחַת בִּיצִיאָתוֹ,** ובה יודה לה' שיצא בשלום.

בֶּן עַזַּאי אוֹמֵר: אַרְבַּע, שְׁתַּיִם בִּכְנִיסָתוֹ, אחת שבה מודה לה' על הדרך שעבר עד כה ובשנייה בקשה לקראת הכניסה לעיר, **וּשְׁתַּיִם בִּיצִיאָתוֹ,** באחת יודה לה' שיצא בשלום מהעיר ובשנייה בקשה להמשך הדרך. **וְנוֹתֵן** בכל תפילה, לפי בן עזאי, **הוֹדָאָה לְשֶׁעָבַר, וְצוֹעֵק לֶעָתִיד לָבֹא.**

ה חַיָּב אָדָם לְבָרֵךְ עַל הָרָעָה
כְּשֵׁם שֶׁהוּא מְבָרֵךְ עַל הַטּוֹבָה,
שֶׁנֶּאֱמַר (דברים ו, ה):
"וְאָהַבְתָּ אֵת ה' אֱלֹהֶיךָ,
בְּכָל לְבָבְךָ וּבְכָל נַפְשְׁךָ וּבְכָל מְאֹדֶךָ".

"בְּכָל לְבָבְךָ" - בִּשְׁנֵי יְצָרֶיךָ,
בְּיֵצֶר טוֹב וּבְיֵצֶר רָע,
"וּבְכָל נַפְשְׁךָ" - אֲפִלּוּ הוּא נוֹטֵל אֶת נַפְשְׁךָ,
"וּבְכָל מְאֹדֶךָ" - בְּכָל מָמוֹנְךָ.

דָּבָר אַחֵר:
"בְּכָל מְאֹדֶךָ" -
בְּכָל מִדָּה וּמִדָּה שֶׁהוּא מוֹדֵד לָךְ,
הֱוֵי מוֹדֶה לוֹ בִּמְאֹד מְאֹד.

לֹא יָקֵל אָדָם אֶת רֹאשׁוֹ כְּנֶגֶד שַׁעַר הַמִּזְרָח,
שֶׁהוּא מְכֻוָּן כְּנֶגֶד בֵּית קָדְשֵׁי הַקֳּדָשִׁים.
לֹא יִכָּנֵס לְהַר הַבַּיִת
בְּמַקְלוֹ, וּבְמִנְעָלוֹ, וּבְפֻנְדָּתוֹ,
וּבְאָבָק שֶׁעַל רַגְלָיו,
וְלֹא יַעֲשֶׂנּוּ קַפַּנְדַּרְיָא,
וּרְקִיקָה מִקַּל וָחֹמֶר.

כָּל חוֹתְמֵי בְרָכוֹת שֶׁהָיוּ בַּמִּקְדָּשׁ,
הָיוּ אוֹמְרִים: "מִן הָעוֹלָם".

מִשֶּׁקִּלְקְלוּ הַמִּינִין,
וְאָמְרוּ: אֵין עוֹלָם אֶלָּא אֶחָד,
הִתְקִינוּ שֶׁיְּהוּ אוֹמְרִים:
"מִן הָעוֹלָם וְעַד הָעוֹלָם".

וְהִתְקִינוּ שֶׁיְּהֵא אָדָם שׁוֹאֵל אֶת שְׁלוֹם חֲבֵרוֹ בַּשֵּׁם,
שֶׁנֶּאֱמַר (רות ב, ד):
"וְהִנֵּה בֹעַז בָּא מִבֵּית לֶחֶם,
וַיֹּאמֶר לַקּוֹצְרִים ה' עִמָּכֶם,
וַיֹּאמְרוּ לוֹ, יְבָרֶכְךָ ה'",
וְאוֹמֵר (שופטים ו, יב):
"ה' עִמְּךָ גִּבּוֹר הֶחָיִל",
וְאוֹמֵר (משלי כג, כב):
"אַל תָּבוּז כִּי זָקְנָה אִמֶּךָ",
וְאוֹמֵר (תהלים קיט, קכו):
"עֵת לַעֲשׂוֹת לַה', הֵפֵרוּ תוֹרָתֶךָ".
רַבִּי נָתָן אוֹמֵר:
הֵפֵרוּ תוֹרָתֶךָ, עֵת לַעֲשׂוֹת לַה'.

רבי עובדיה מברטנורה

חַיָּב אָדָם לְבָרֵךְ עַל הָרָעָה. כְּשֶׁמְּבָרֵךְ: "דַּיַּן הָאֱמֶת" **עַל הָרָעָה** – חַיָּב לְבָרֵךְ בְּשִׂמְחָה וּבְלֵב טוֹב, **כְּשֵׁם שֶׁמְּבָרֵךְ** בְּשִׂמְחָה "הַטּוֹב וְהַמֵּטִיב" **עַל הַטּוֹבָה. דָּבָר אַחֵר: "בְּכָל מְאֹדֶךָ".** בְּכָל מִדּוֹת הַמְּדוּדוֹת לְךָ, בֵּין מִדָּה טוֹבָה בֵּין מִדַּת פֻּרְעָנוּת:

לֹא יָקֵל אָדָם רֹאשׁוֹ. לֹא יִנְהַג קַלּוּת רֹאשׁ. **כְּנֶגֶד שַׁעַר הַמִּזְרָח.** חוּץ לְהַר הַבַּיִת אֲשֶׁר בַּחוֹמָה הַנְּמוּכָה אֲשֶׁר לְרַגְלֵי הַבַּיִת לַמִּזְרָח, לְפִי **שֶׁהוּא מְכֻוָּן,** שֶׁכָּל הַשְּׁעָרִים מְכֻוָּנִים זֶה כְּנֶגֶד זֶה: שַׁעַר מִזְרָח, שַׁעַר עֶזְרַת נָשִׁים וְשַׁעַר עֶזְרַת יִשְׂרָאֵל וּפֶתַח הָאוּלָם וְהַהֵיכָל וּבֵית **קֹדֶשׁ הַקֳּדָשִׁים** בִּימֵי בַּיִת רִאשׁוֹן:

בַּאֲפֻנְדָּתוֹ. אֵזוֹר חָלוּל שֶׁנּוֹתְנִים בּוֹ מָעוֹת. פֵּרוּשׁ אַחֵר: בֶּגֶד שֶׁלּוֹבֵשׁ עַל בְּשָׂרוֹ לְקַבֵּל הַזֵּעָה שֶׁלֹּא לְטַנֵּף שְׁאָר בְּגָדִים, וּגְנַאי לְאָדָם לָצֵאת

בְּאוֹתוֹ בֶּגֶד לְבַדּוֹ. **קַפַּנְדַּרְיָא.** לִכָּנֵס בְּפֶתַח זֶה וְלָצֵאת בַּפֶּתַח שֶׁכְּנֶגְדּוֹ כְּדֵי לְקַצֵּר הִלּוּכוֹ דֶּרֶךְ שָׁם. וּלְשׁוֹן קַפַּנְדַּרְיָא: "אַדְּמַקִּיפְנָא דָּרֵי – אֵעוּל בְּהָא". כְּלוֹמַר: בְּעוֹד שֶׁאֲנִי צָרִיךְ לְהַקִּיף שׁוּרוֹת שֶׁל בָּתִּים – אֲקַצֵּר מַהֲלָכִי וְאֶכָּנֵס דֶּרֶךְ כָּאן. **וּרְקִיקָה** אֲסוּרָה בְּהַר הַבַּיִת. **מִקַּל וָחֹמֶר** מִמִּנְעָל: וּמָה מִנְעָל שֶׁאֵינוֹ דֶּרֶךְ בִּזָּיוֹן – אָסוּר, רְקִיקָה שֶׁהִיא דֶּרֶךְ בִּזָּיוֹן – לֹא כָּל שֶׁכֵּן?!:

כָּל חוֹתְמֵי בְּרָכוֹת שֶׁבַּמִּקְדָּשׁ. הַמְבָרֵךְ אוֹמֵר בְּסוֹף כָּל בְּרָכָה: "בָּרוּךְ ה' אֱלֹהֵי יִשְׂרָאֵל מִן הָעוֹלָם וְעַד הָעוֹלָם חוֹנֵן הַדַּעַת", וְכֵן בְּכֻלָּם. וְהָעוֹנִין אוֹמְרִים: "בָּרוּךְ שֵׁם כְּבוֹד מַלְכוּתוֹ לְעוֹלָם וָעֶד". שֶׁאֵין עוֹנִין "אָמֵן" אַחַר כָּל בְּרָכָה שֶׁבַּמִּקְדָּשׁ, דִּכְתִיב בְּעֶזְרָא (נחמיה ט, ה): "קוּמוּ בָּרְכוּ אֶת ה' אֱלֹהֵיכֶם מִן הָעוֹלָם עַד הָעוֹלָם", וְאוֹמֵר אַחַר כָּךְ (שם): "וִיבָרְכוּ שֵׁם כְּבוֹדֶךָ", כְּלוֹמַר שֶׁעוֹנִים: "בָּרוּךְ שֵׁם כְּבוֹד מַלְכוּתוֹ לְעוֹלָם וָעֶד". וְאַשְׁמְעִינַן הָכָא דִּבְמִקְדָּשׁ רִאשׁוֹן לֹא הָיוּ אוֹמְרִים אֶלָּא בָּרוּךְ אֱלֹהֵי יִשְׂרָאֵל **מִן הָעוֹלָם** וְלֹא יוֹתֵר, וְלֹא הָיוּ אוֹמְרִים וְעַד הָעוֹלָם:

מִשֶּׁקִּלְקְלוּ הַמִּינִים. שֶׁאֵין מַאֲמִינִים בִּתְחִיַּת הַמֵּתִים, **וְאָמְרוּ אֵין עוֹלָם אֶלָּא** זֶה – **הִתְקִינוּ** עֶזְרָא וּבֵית דִּינוֹ **שֶׁיְּהוּ אוֹמְרִים "מִן הָעוֹלָם וְעַד הָעוֹלָם"** לוֹמַר שֶׁשְּׁנֵי עוֹלָמוֹת יֵשׁ: הָעוֹלָם הַזֶּה וְהָעוֹלָם הַבָּא, לְהוֹצִיא מִלֵּב הַמִּינִים שֶׁכּוֹפְרִים בִּתְחִיַּת הַמֵּתִים:

שֶׁיְּהֵא אָדָם שׁוֹאֵל בִּשְׁלוֹם חֲבֵרוֹ בַּשֵּׁם. בִּשְׁמוֹ שֶׁל הַקָּדוֹשׁ בָּרוּךְ הוּא, וְלָא אָמְרִינַן: "מְזַלְזֵל הוּא בִּכְבוֹדוֹ שֶׁל מָקוֹם בִּשְׁבִיל כְּבוֹד הַבְּרִיּוֹת לְהוֹצִיא שֵׁם שָׁמַיִם עָלָיו". וְלָמְדוּ מִבֹּעַז שֶׁאָמַר **לַקּוֹצְרִים "ה' עִמָּכֶם".** וְכִי תֵּימָא: בֹּעַז מִדַּעְתֵּיהּ דְּנַפְשֵׁיהּ קָעָבַד וְלָא גָּמְרִינַן מִינֵּיהּ – תָּא שְׁמַע מִן הַמַּלְאָךְ, שֶׁאָמַר לְגִדְעוֹן: **"ה' עִמְּךָ גִּבּוֹר הֶחָיִל".** וְכִי תֵּימָא: לֹא שָׁאַל הַמַּלְאָךְ בִּשְׁלוֹם גִּדְעוֹן, וְלֹא בֵּרְכוֹ, אֶלָּא בִּשְׁלִיחוּתוֹ שֶׁל מָקוֹם הוֹדִיעוֹ שֶׁהַשְּׁכִינָה עִמּוֹ, וְלָא גָּמְרִינַן מִנֵּיהּ – תָּא שְׁמַע **וְאוֹמֵר: "אַל תָּבוּז כִּי זָקְנָה אִמֶּךָ",** אַל תָּבוּז אֶת בֹּעַז לוֹמַר שֶׁמִּדַּעְתּוֹ עָשָׂה, אֶלָּא לְמַד מִזִּקְנֵי אֻמָּתְךָ כִּי יֵשׁ לוֹ עַל מִי לְהִסָּמֵךְ, שֶׁנֶּאֱמַר: **"עֵת לַעֲשׂוֹת לַה' הֵפֵרוּ תּוֹרָתֶךָ":**

רַבִּי נָתָן אוֹמֵר: הֵפֵרוּ תּוֹרָתֶךָ. פְּעָמִים שֶׁמְּבַטְּלִים דִּבְרֵי תוֹרָה כְּדֵי **לַעֲשׂוֹת לַה'.** אַף זֶה הַמִּתְכַּוֵּן לִשְׁאֹל בִּשְׁלוֹם חֲבֵרוֹ, וְזֶהוּ רְצוֹנוֹ שֶׁל מָקוֹם, שֶׁנֶּאֱמַר (תהלים לד, טו): "בַּקֵּשׁ שָׁלוֹם וְרָדְפֵהוּ" – מֻתָּר לְהָפֵר תּוֹרָה וְלַעֲשׂוֹת דָּבָר הַנִּרְאֶה אָסוּר:

משנה זו מבארת את המקור לדין שחייב לברך על הבשורה הרעה כשם שמברך על הבשורה הטובה. בהמשך, המשנה מבארת את חובת אהבת ה', ומסיימת בדיני העלייה להר הבית, נוסח הברכה במקדש והזכרת שם ה' באמירת שלום.

חַיָּב אָדָם לְבָרֵךְ עַל הבשורה **הָרָעָה,** "ברוך דיין האמת", **כְּשֵׁם שֶׁהוּא מְבָרֵךְ עַל** הבשורה **הַטּוֹבָה,** בלב שלם, ולהכיר בהשגחת ה' בעולם שכל מה שעושה הקב"ה הכול לטובה, ואין לשקוע בצער ובעצבות, **שֶׁנֶּאֱמַר: "וְאָהַבְתָּ אֵת**

ARENA EVENTS

MONSTER TRUCK RALLIES

KENNY ABDO

Fly!
An Imprint of Abdo Zoom
abdobooks.com

abdobooks.com

Published by Abdo Zoom, a division of ABDO, P.O. Box 398166, Minneapolis, Minnesota 55439.

Printed in the United States of America, North Mankato, Minnesota.
092018
012019

THIS BOOK CONTAINS RECYCLED MATERIALS

Photo Credits: Alamy, Depositphotos Enterprise, iStock, Shutterstock, ©p12/Warren Abrahamson, ©p20/Andrew Palochko
Production Contributors: Kenny Abdo, Jennie Forsberg, Grace Hansen
Design Contributors: Dorothy Toth, Neil Klinepier

Library of Congress Control Number: 2018946208

Publisher's Cataloging-in-Publication Data

Names: Abdo, Kenny, author.
Title: Monster truck rallies / by Kenny Abdo.
Description: Minneapolis, Minnesota : Abdo Zoom, 2019 | Series: Arena events | Includes online resources and index.
Identifiers: ISBN 9781532125355 (lib. bdg.) | ISBN 9781641856805 (pbk) | ISBN 9781532126376 (ebook) | ISBN 9781532126888 (Read-to-me ebook)
Subjects: LCSH: Monster trucks--Juvenile literature. | Monster jam--Juvenile literature. | Pickup trucks--Juvenile literature.
Classification: DDC 796.7--dc23

TABLE OF CONTENTS

MONSTER TRUCK RALLIES

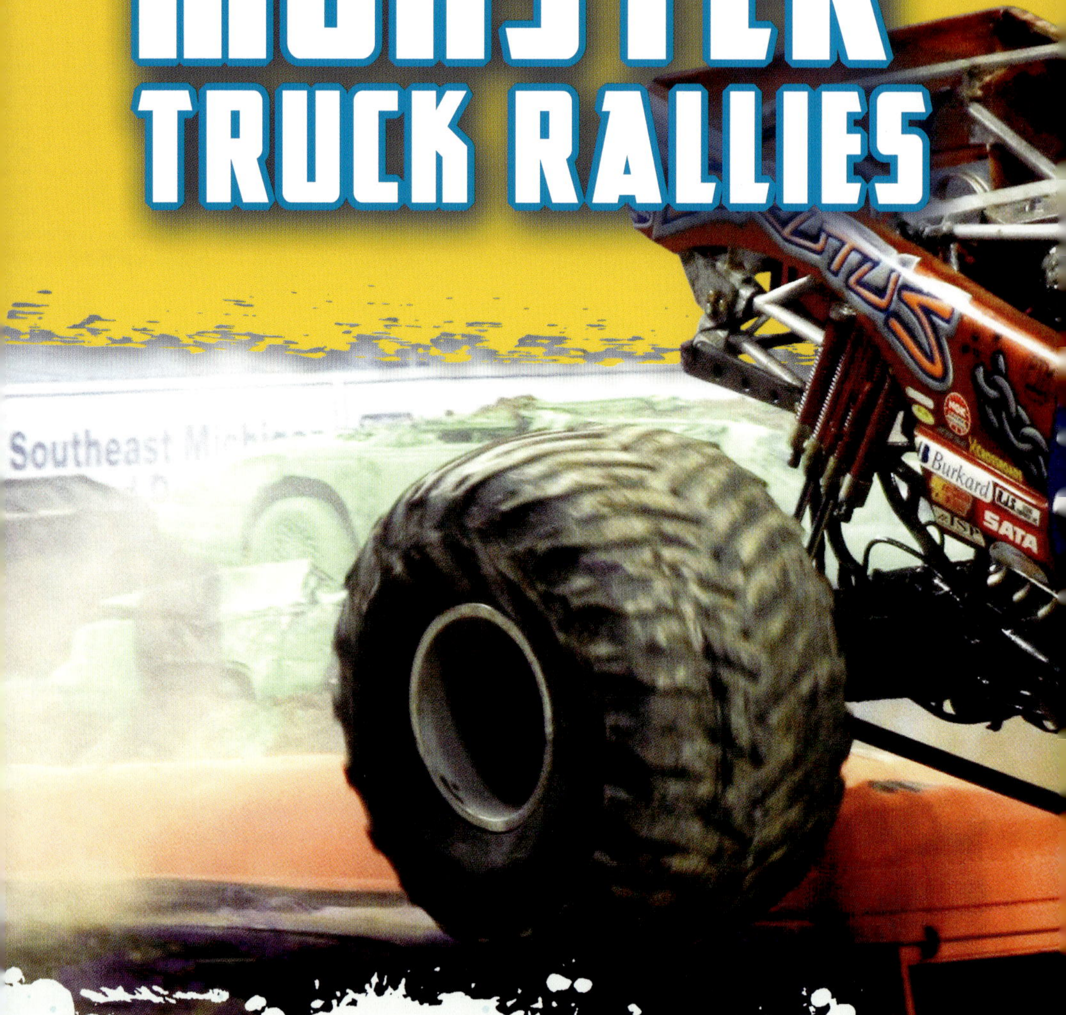

Monster truck rallies have brought big wheels, high jumps, and huge entertainment to arenas for more than 25 years.

BRUTUSRACING.COM

KING
MAGNAFLOW
CROWER
HAWK
LINCOLN
WELDERS

Monster Jam is the largest monster truck event in the world. It tours throughout the United States, Canada, and Europe every year.

OPENING ACT

Pickup trucks with major **modifications** became popular in the late 1970s. They were used in truck pulling and **mud bogging** sports.

A Monster Truck is more than 10 ft (3.04 m) tall and can weigh more than 10,000 lbs (4,535.9 kg). The tires alone are taller than most people.

UNDERGROUND
STUNT & JUMP
LIVE ON TOUR

Bigfoot4x4.com

Bob Chandler drove his monster truck Bigfoot over a few cars in 1981. It was filmed for a commercial and got **national** attention. Bigfoot is believed to be the first monster truck to have crushed cars.

West

The first Monster Jam was held in 1992 at the Silverdome in Pontiac, Michigan.

THE MAIN EVENT

More than four million people attend Monster Jam events around the world every year. There are three types of competition: **Freestyle**, Racing, and Two-Wheel skills.

47
Disney
Advance Auto Parts
MONSTER JAM
piloti
LINCOLN WELDERS
MSD PRO-MAG
ARP
MAGNAFLOW
HAWK

CAUTION

Trucks crush more than 3,000 cars every year at Monster Jam events. Drivers cause more than $10,000 worth of damage to their own truck at each show.

Monster truck driver Joe Sylvester entered the Guinness Book of World Records in 2013. He broke the longest ramp jump record at 237 ft (72.42 m) with his truck Bad Habit.

HABIT
OPTIMA

GLOSSARY

freestyle – an extreme sport centered on stunt riding.

modification – making a change to something.

mud bogging – an off-road sport where you drive through a pit of mud for a set length.

national – relating to the nation as a whole.

ONLINE RESOURCES

Booklinks
NONFICTION NETWORK
FREE! ONLINE NONFICTION RESOURCES

To learn more about monster truck rallies, please visit abdobooklinks.com. These links are routinely monitored and updated to provide the most current information available.

INDEX